日本で、自宅で、一人で、ここまでできる！

とにかく楽しい！

海外ドラマ DVD 英語学習法

いつでも一時停止できる

生きた英語が学べる

何度でも繰り返せる

レンタルで"お試し"できる

南谷三世
MITSUYO MINAMITANI

CCCメディアハウス

はじめに

　この本では、「海外ドラマのDVDを英語教材として使って英語を学ぶ方法」について語っています。
　この学習法には、3つのメリットがあります。

1．留学もせず、英会話学校にも通わずに、「日本で、自宅で、一人で」、生きた英語をじっくり学べる。
2．楽しく続けられる。
3．ネイティブの使っている自然な英語が身につく。

　まず1番目。近年、海外に留学する日本人の数がどんどん減っていることが話題になっています。「内向き志向の若者たち」と批判する意見をよく聞きますが、私は「英語を話したいなら、とりあえず留学したらいい」という考え方はナンセンスだと思っていて、英語学習における大部分は、日本にいる間に、それも自宅でできると考えています。

　英語を話せるようになるためには、話すための言葉を自分の中にストックとして持っている必要があります。そう、「インプットなくしてアウトプットなし」ですね。
　英語を学びたいと思った時に、「とにかく話し相手のネイティブが必要」と思って、SNSで英語圏の友だちを探したり、

オンライン英会話を始めたり、英会話学校に通ったり、そして英語を学ぶための海外留学を考えたりする方も多いでしょう。

でも実際にそうやってみて、「さぁ、英語の話し相手であるネイティブが目の前にいる」という状況になった時、その人に話す言葉が自分からすっと出てくるでしょうか？　ネイティブという生身の人間を相手にする前に、まずは自分で大量のインプットをしておかないと、言葉というものは出てこないものなのです。

そして、その「インプット」の過程では、生身のネイティブは必要ありません。私は海外ドラマのDVDを使った英語学習法をおすすめしているのですが、それは==ネイティブが娯楽として楽しんでいる作品を英語教材として使うことで、生きた英語を、日本で、自宅で、大量に浴びることができる==からです。

次に２番目の「楽しく続けられる」ということ。これは、何かを学ぶにあたっては、気持ちの上でとても重要なことです。

何かを学ぶ、何かをモノにするには、継続が必要であることは言うまでもありません。そして「続ける」ためには、興味を持ち続けられるものを題材に選ばなければなりません。

英語を学ぶ教材として、さまざまなものが世にあふれていますが、私が選んだ教材である「海外ドラマ」は、ネイティブが娯楽として楽しんでいる純粋なエンターテインメント作品です。ネイティブが楽しむ「本物」ですから、日本人英語学習者

にとって難しい部分ももちろんありますが、それを補って余りあるほどの面白さと楽しさが満載です。そういう作品としての魅力が、「このセリフの意味を理解したい。もっと先に進みたい」と思わせてくれる原動力となるのです。

　そして最後に「ネイティブの使っている自然な英語が身につく」という点。「ネイティブみたいにしゃべりたい」と願う学習者は多いですが、その願いをかなえるには、「ネイティブの会話をじっくり観察する」ことが何より大切です。
「自然な英語とはどのようなものか」をつかむのは意外と難しいものです。ある場面や状況を設定して「一般的に想定されるやりとり」を覚えることは、有用ではあるけれど、実際の会話では異なる状況・立場でのさまざまなバリエーションがありますので、「一般的なやりとり」をアレンジするのでは自ずと限界があります。
　さまざまな英会話のバリエーションに対応できるようになるためには、できるだけ多くの英会話のパターンに触れるのが一番です。作品を鑑賞し、楽しみながら、そういう英会話のさまざまなパターンを知ることができるのが、海外ドラマを教材にする大きな利点です。

　どこかで見かけた英文をいざ自分が使おうとする場合、「本当にネイティブはこんな言い方をするのだろうか？」という疑

問が常についてまわります。でも、海外ドラマで見つけた表現なら、実際にネイティブがそう言っていたわけですから、間違いなく「ネイティブはこんな言い方をする」のだという証拠にもなります。面白い表現があるなぁと思って聞いていたら、また別のエピソードでも同じような表現が出てきて、「やっぱりネイティブはこんな言い回しをするんだ」ということが確信できます。

　辞書にそう書いてあったから、フレーズ集に載っていたから、ではなく、実際にネイティブがそう言っていたという実例から自然な英語を学ぶのが一番確実な方法であり、これは長年、英語圏で暮らしている人が英語を身につけていく方法と同じなのです。

　最近、来日経験もないのに日本語が上手な外国人の方々を、テレビなどでよく見かけるようになりました。そういう方の多くは、「大好きな漫画やアニメで日本語を学んだ」と言います。

　この事実は、「日本に来なくても日本語は学べる」ことを証明してくれています。その国の言葉を学ぶのにその国に行くことは必要条件ではない、ということで、これは「3つのメリット」の1番目に該当します。

　そして、「好きなものからは多くのことを学べる」ことも教えてくれています。楽しく続けられるものを題材にすれば、言葉を学ぶことは苦ではなく、むしろ喜びだということで、これ

は「３つのメリット」の２番目に当たりますね。

　そして、「娯楽作品のセリフでその国の言葉を学べば、自然な言葉が身につく」ことも明らかでしょう。これが「３つのメリット」の３番目となります。

　大好きな作品で言葉を学んだ彼らのように、私たち日本人も「大好きな海外ドラマ」で英語を学べばいいのです。

　留学は貴重な体験です。でも英語力をつけるための唯一の方法ではありません。留学経験をムダに終わらせないためにも、日本にいてできることを今すぐにでも始めてほしいと思います。英語力に自信がつけば、英語の環境に身を置くことに対する恐怖感はぐっと減ります。
「内向き志向」とやらを打破するためには、ただやみくもに、また無責任に、「とにかく海外留学しろ！　行ってしまえばなんとかなる」みたいに煽るだけではダメだし、むしろそれは逆効果かと思います。留学すれば英語ができるようになるわけじゃないということを、若者たちは感覚的にもわかっている。だから自分の英語力に自信が持てない間は到底、英語を学ぶための海外留学をする気にはなれない、ということだろうと思うのです。

　実際、英語がほとんどわからないまま留学しても、何も身につかずにカルチャーショックだけを受けて帰ってくることにな

るでしょう。日本語がほとんど話せないのに、日本語を学ぶために日本への語学留学を試みる「無謀な」外国人留学生もあまりいませんよね。その国に行ってから「さぁやるぞ！」と始めるのでは遅すぎるのです。ある程度の語学力を持った上で行かないと、日々の生活すらおぼつかなくなるでしょう。

　私は、私自身の経歴で「留学経験なし」を強調していますが、この本はけっして留学を否定するものではありません。むしろ留学というすばらしい経験を、より実りの多いものにするために、「日本で、自宅で、一人で、ここまでの準備ができる！」ことをわかっていただければと考えています。

　留学を考えている人には、ぜひ留学前に読んでほしい。そして、さまざまな事情で簡単に留学に踏み出せない方々には、「留学よりも有効な」DVD英語学習法で、留学に負けない英語力を身につけてほしいと心から願っています。

CONTENTS

はじめに ... 2

第 1 章　海外ドラマの DVD を使った英語学習法

Rach 流 DVD 学習法（レイチ・メソッド）　14
ブログと本とセミナーと ... 14

「完全5段階」と「はしょる3段階」 ... 19

英語のレベルに関係なく、
すぐに「はしょる3段階」に移行してください ... 24

DVD をプレーヤー（機器）で見るか、PC（ソフト）で見るか ... 28

「はしょる3段階」の第1段階（英語音声・字幕なし）　32
DVD は「容赦のない英語教材」である ... 32

第1段階は毎回行う「テスト」 ... 33

「はしょる3段階」の第2段階（日本語音声・日本語字幕）　40
音声と字幕の両方を日本語にして、一気に情報をつかむ ... 40

第2段階は「答え合わせ」 ... 42

DVD の日本語訳は英語学習者用に作られたものではない ... 43

日本語を利用することに罪悪感を持たないで ······ 45

　　日本語オンリーの時間がもったいないと思うなら
　　2倍速で見ましょう ······ 48

「はしょる3段階」の第3段階（英語音声・英語字幕）　51

　　データベースの作り方 ······ 51

　　見慣れない単語のすべてを調べる必要はない ······ 60

　　1話まるごとではなく、シーンの切れ目ごとに各段階をこなす ······ 64

　　必要な段階をこなしたら、どんどん次のエピソードに進む ······ 69

最速2段階　74

　　上級者向け。または、
　　すでに内容を知っている作品ならこの方法で ······ 74

　　「日本語訳」を楽しめるレベルが上級者 ······ 75

DVD英語学習はけっして留学に劣るものではない　78

　　留学と比較した場合の、DVD英語学習の利点 ······ 78

　　「第1段階」がさっぱりわからない……と挫折しそうなあなたへ。
　　その「さっぱりわからない第1段階」がノンストップで
　　延々と続くのが「留学」という状態です ······ 82

　　DVD英語学習法は初心者にも効果的 ······ 87

第 2 章　部門別攻略法（読む・聞く・書く・話す）

英語4技能　92

- インプットかアウトプットか、文字か音か　92
- 表現語彙と理解語彙（active vocabulary と passive vocabulary）があることを認識する　95
- 英英辞典で「2000語のロングマン定義語彙」に慣れる　98
- 英語4技能と DVD 学習法の関係　102

読む（Reading）　106

- 直訳でわかる日英の「構造」の違い　106
- 英文の構造を理解する「英文解釈」には意味がある　109
- 単語の意味は、位置と文脈で決まる　111
- 左から右へ、流れのままにイメージする　113
- 日本語と英語の発想の違いを意識する　116
- 省略の多い口語から、「省略してはいけない部分」を学ぶ　120
- ❖ まとめ　「読む」技能を伸ばすために、DVD 学習法で意識すること　124

聞く（Listening）　125

- 内容語と機能語の強弱とリズムを意識する　125
- 「音を拾えたかどうか」よりも「内容を理解できたかどうか」が大切　127
- リスニング力は、「聞いた音から文章を復元できる力」　130

❖ まとめ 「聞く」技能を伸ばすために、
DVD学習法で意識すること ……… 132

書く（Writing） 133

単語を置き換えただけでは「英語」にならない ……… 133

英語もどきで自己満足してしまう危険性 ……… 135

「英借文」で、使える表現は「ありがたく頂戴します！」 ……… 136

❖ まとめ 「書く」技能を伸ばすために、
DVD学習法で意識すること ……… 139

話す（Speaking） 141

英会話をたくさん浴びることで、
「英語ってこういうもの」という感覚がわかる ……… 141

DVDを使った「セリフ先行法」 ……… 145

わからない部分をピンポイントで疑問詞に置き換える ……… 150

短い会話でも、それを真似することで会話の瞬発力が養われる ……… 154

❖ まとめ 「話す」技能を伸ばすために、
DVD学習法で意識すること ……… 157

第3章　英語学習について、いろいろ思うこと

DVDをおすすめする理由 160

DVD出現前に、すでにプロトタイプを経験済み ……… 160

英語教材がレンタルできる！ ……… 164

私が示す1つの「基準」　　　　　　　　　　　　　　167

教材の選び方　　　　　　　　　　　　　　　　　177
　　「洋画」よりも「海外ドラマ」の理由　　　　　　　177
　　私が「フレンズ」をおすすめする理由　　　　　　180
　　他の作品なら、こんなのどうでしょう？　　　　　187

英語学習において意識すべきこと　　　　　　　192
　　「文法的に正しい」(grammatically correct) よりも
　　「英語らしい」(idiomatic) を選ぶ　　　　　　　192
　　「発音のお手本」としての英語　　　　　　　　　195
　　「傍目八目」の効用（さまざまな会話を客観的に観察する効果）　　198
　　「留学したから」と「留学したけれど」の違い　　202
　　語学の達成度は「過去の自分との相対評価」で測るべき　　205

写真	RYUSYO（studio Bj）
装丁	大岡喜直（next door design）
本文デザイン	next door design
校正	円水社
企画協力	NPO法人 企画のたまご屋さん

海外ドラマのDVDを使った英語学習法

Rach流DVD学習法（レイチ・メソッド）

ブログと本とセミナーと

　私は大学卒業後、企業に5年間勤務、結婚を機に退社し、専業主婦になりました。そして、最初の子どもが1歳になった時に英語のやり直し学習を開始しました。それが2001年4月、私が32歳の時です。

　『日経WOMAN』という雑誌の英語特集でDVDを利用した英語学習法が紹介されていたので、その雑誌でおすすめとして紹介されていた「フレンズ」のDVDを買ってきて、英語学習を始めることにしました。

　自宅でDVDを使った英語学習を進めていくうちに、自分なりの「学習法」ができあがっていくのを感じていました。その方法にしっかりとした手ごたえを感じられるようになった私は、自分が学んできたことをブログで多くの人に伝えたい！と思ったのです。

　そうしてブログを開始したのが2005年6月、私は36歳、上

の子が5歳、下の子が1歳の時でした。

　ブログではRach（レイチ）というハンドルネームを使っています。
　ブログのタイトルは『シットコムで笑え！ 海外ドラマ「フレンズ」英語攻略ガイド』といいます（URL：http://sitcom-friends-eng.seesaa.net/）。そのブログでは、アメリカで視聴率ナンバー1だった人気ドラマ「フレンズ」（原題：Friends）のセリフを解説し、その解釈について自分の考えを述べるという形式をとっています。
「シットコム」（sitcom）とは「シチュエーション・コメディ」（situation comedy）の略で、「フレンズ」はジャンルとしてはシットコムに該当します。「シットコムで笑え！」というのは、「フレンズというシットコム（コメディ）を見て、笑いながら英語を学ぼう」というコンセプトをタイトルにしたものでした。2015年には、ブログ開設10周年を迎えることもできました。

　私が「フレンズ」のDVDを使った英語学習を行うなかで感じてきたことや、そこで学んださまざまな英語表現を、ブログというツールを通して多くの方とシェアできたことは、本当に楽しく幸せなことでした。読者の方とコメント欄でやりとりするなかで、英語学習者共通の悩みや不安を知ることもできまし

た。

　そして、「海外ドラマのDVD学習法って楽しそうだけど、実際にどうやって進めたらいいかわからない」という方のために、2008年3月、そのブログで提唱してきた、海外ドラマを使ったDVD学習法である「Rach流DVD学習法」を解説した本、『シットコムで笑え！ 楽しくきわめる英語学習法』（NTT出版）を刊行しました。

　この本は、ブログタイトルの「シットコムで笑え！」の部分、つまり、私のブログのポリシーでありコンセプトでもある、「大好きな海外ドラマ『フレンズ』を見て、笑いながら英語表現を学ぼう」という部分の、特に「DVDを使った英語学習法」にポイントを絞り、その学び方について説明した本でした。

　その後もブログはずっと続けていました。そして2013年からは、私の学習法を解説する「私の先生は海外ドラマ」というセミナーも開催させていただくようになりました。

　私の学習法に興味を持ってくださった方々からは、ブログのコメント欄やセミナーの質疑応答の時間に、さまざまなご質問をいただきます。その質問を集約してみると、みなさんが疑問に思われている点、知りたいと思われている点がいくつかの項目に集中していることがわかりました。それは、前著で説明できていなかったこと、または説明が足りなかった部分でもあり

ました。

　今回のこの本では、前著『シットコムで笑え！』を読んでいない方にもおわかりいただけるように、「Rach流DVD学習法」をいちから説明しています。

　そして、セミナーで多くの英語学習者の方々と直接意見交換し、実際にDVD学習法をやってみた方々からの疑問にすべてお答えする形で、今の私が考える「Rach流DVD学習法」のポイントと注意点を、具体的なレベルにまで落とし込んでみました。==本書を読んでいただいた後、みなさんがすぐにDVD学習法が始められるように詳細な手法を提示した==つもりです。

　学習法の流れを説明した後は、英語学習を「読む・聞く・書く・話す」の4技能にカテゴリー分けして、「海外ドラマ」を教材の中心としてそれらのスキルを正しく伸ばすための方法を、具体的な例を挙げてわかりやすく説明しています。

　先ほどから何度か「Rach流DVD学習法」と言っていますが、ちょっと長いので（笑）、この本では以後、「ブロガーRachが提唱する、海外ドラマのDVDを使った英語学習法」を「レイチ・メソッド」と呼ばせていただくことにします。

　私のハンドルネームのRach（レイチ）は、ジェニファー・アニストンが演じている「フレンズ」のメインキャラクター、レイチェル・グリーン（Rachel Green）のニックネームをお借りしたものです。

その「レイチ」をメソッドの名前にしたのは、「レイチ・メソッド」という名前から「フレンズ」のRachを思い浮かべてもらって、「フレンズ」のような海外ドラマを使って英語を学ぶ方法だとイメージしていただけるといいなぁ、という思いを込めてのことです。

　プロフィールにあるように、私は（短期間の旅行を除く）海外経験なし、英会話学校にも通わずに、自宅で海外ドラマのDVDを見るという学習法で英語を学び、英検1級、TOEIC満点（990点）を取得しました。
　「私の先生は海外ドラマ」というセミナータイトルは、**留学や英会話学校ではなく、海外ドラマを先生にして英語を学んだ**ことを示しています。
　英検やTOEICを受けるにあたり、もちろん、それぞれの参考書や問題集もやりましたが、あくまで私の学習法のメインは「レイチ・メソッド」であり、レイチ・メソッドに基づいた「シットコムで笑え！」というブログを続けることでした。今の私がいるのは、レイチ・メソッドをずっと楽しく続けることができたからだ、と自負しています。
　私がおすすめするこの学習法を、こうして改めて本にすることで、みなさんの疑問や悩みが解消し、楽しくDVD英語学習を続けていただけるようになることを願っています。

「完全5段階」と「はしょる3段階」

　まず、レイチ・メソッドの「完全5段階」と「はしょる3段階」について説明します。

　私がおすすめするベストの方法は、「はしょる3段階」のほうです。そのため、後ほど具体的なやり方を説明する際には「はしょる3段階」を例に説明しますが、まずは「しつこくやるとこうなりますよ」（笑）という「完全5段階」を使って、「各段階の音声や字幕からどんな情報を得るか」という点をはっきりさせておきたいと思います。

●完全5段階
1．英語音声・字幕なし（必ず「"ネタバレ禁止"状態」で）
2．英語音声・英語字幕
3．英語音声・日本語字幕
4．日本語音声・英語字幕
5．英語音声・英語字幕（英語字幕を一時停止して英文の意味を調べ、自分のデータベースに入力）

●はしょる3段階
1．英語音声・字幕なし（必ず「"ネタバレ禁止"状態」で）
2．日本語音声・日本語字幕

3．英語音声・英語字幕（英語字幕を一時停止して英文の意味を調べ、自分のデータベースに入力）

「完全」でも「はしょる」でも、各段階は１回ずつ行います。ここではまず「完全５段階」を例にして各段階の意味を説明します。

　最初は英語の「音」だけで見てみて、その後、英語字幕や日本語字幕、日本語音声で「内容とニュアンス」を確認します。そして、最後の段階で、じっくり英語字幕と向き合い、「どうしてこの英語がそういう日本語の意味になるのかを突き詰める」という作業を行うことになります。

1．英語音声・字幕なし（必ず「"ネタバレ禁止"状態」で）

「"ネタバレ禁止"状態」というのは、話の内容やストーリーの流れを知らない初見の状態ということです。そして、「英語音声・字幕なし」で見るというのは、ネイティブが見ているのと同じ状態で見てみるということです。その意義についてはもう少し後で詳しく述べることにします。

2．英語音声・英語字幕

「完全５段階」では、第１段階で「字幕なし」という文字情報がまったくない状態で見た後に、第２段階で英語字幕をつけることで、「英語が文字で表示されるだけでわかる部分が出てく

る」ことを感じとることができます。

３．英語音声・日本語字幕

　第３段階では字幕を日本語にしますが、これは映画館で字幕つきの洋画を見ている感覚になりますね。おなじみの感覚で違和感なく見ることができますが、実は日本語字幕はセリフの音の長さに比例して文字数が決まっていて、あまりたくさんの情報を詰め込むことができません。そのため意訳になっていたり、セリフの細かいニュアンスが削られてしまっていたりすることもあります。

４．日本語音声・英語字幕

　第４段階では、「映画館の字幕つき」を逆にしたような形の「日本語音声・英語字幕」という、一風変わったやり方で見てみます。

　先ほど日本語字幕は文字数制限があると言いましたが、音声なら英語のセリフの音の長さと同じだけ日本語で表現できる分、字幕よりも詳しく訳すことができますし、細かいニュアンスをちょっとした言葉の挿入や語尾などで表現することもできます。そして、これが意外と英語字幕の意味を直感的に理解するのに役立ったりするのです。

　日本語音声は当然ながら自分の母語なので、理解しようと意

識せずとも意味と内容がすっと頭に入ってきます。「聞こうと思わなくても勝手に頭に入ってしまう」感じですね。一方、英語という外国語は「注意して、意識して」確認する必要があります。その場合には、文字でしっかり確認できることが非常に有効となってきます。

　特に意識することなく耳から日本語でイメージを捉える、そしてそれを英語字幕という文字で確認する、という作業は、意外と頭の中が混乱することもなく、「今、見ている、読んでいるこの英文は、こういうイメージか」と感覚的に理解することが可能なのです。

　試しに、好きな海外ドラマや洋画を「日本語音声・英語字幕」でご覧になってみてください。自分が好きなあのセリフは英語ではこう表現するんだな、ということが、英語の文字となってパッと目に飛び込んできます。英語のセリフと日本語のイメージを直結させる方法として、「日本語音声・英語字幕」はけっこう有効であることがわかっていただけるのではないかと思います。

　このように字幕や音声をいろいろと切り替えることによって、最初は音だけであった英語の情報が、英語の文字として表示され、または日本語字幕や日本語音声（吹替）となって示されます。そのような情報を得ることによって、最初はただの「音」であった英語が、意味を持った「言葉」として理解でき

てくるわけですね。

5．**英語音声・英語字幕**（英語字幕を一時停止して英文の意味を調べ、自分のデータベースに入力）

そうして得られた情報と話の流れを頭に入れた状態で、「英語音声・英語字幕」にして、自分で可能なかぎり英文の意味を調べます。

調べるためのツールとしては、辞書、文法書、ネット検索などを使います。この最終段階で英語のセリフをじっくり見つめ、どうしてそのようなニュアンスになるのかを考えながら、英文を解釈していきます。そして、ここで行ったインプットを、PCのエクセルなどにメモをとりながら自分のデータベースを作っていくことになります（詳しくは「はしょる３段階」で説明します）。

以上の５つの段階をこなすのが「完全５段階」です。

では、いよいよ「はしょる３段階」について。「完全５段階」と「はしょる３段階」の違いは、「完全５段階」で

2．**英語音声・英語字幕**
3．**英語音声・日本語字幕**
4．**日本語音声・英語字幕**

第１章　海外ドラマのDVDを使った英語学習法

と3段階費やしている部分を、「はしょる3段階」では、

2．日本語音声・日本語字幕

という1段階に減らしていることにあります。

　今の私がおすすめしているのは、この「はしょる3段階」です。各段階でどういう作業をするか、後ほど詳しくご説明します。

英語のレベルに関係なく、すぐに「はしょる3段階」に移行してください

　ブログやセミナーで何度も受けたご質問の中に、「初心者はしばらく完全5段階で続けるべきなのでしょうか？」というものがありました。

　これについては、「初心者だから完全5段階ということではありません。5段階がどういうものかわかったら、早々にはしょる3段階に移行してください」とお答えしています。

　言い訳がましくて恐縮ですが、前著『シットコムで笑え！』の75ページに、

　その「情報に頼る感覚、情報を得る感覚」がわかれば、早々

に「はしょる3段階」に移行して良いと思います。
　DVDを使って学習したことがない、という人のために、まずは「完全5段階」をおすすめしている、というだけのことなのです。

　と、書いてはいるんですよね。
　とは言うものの、前著で最初に「完全5段階」の方をかなりのページ数を割いて詳しく説明したために、「"完全"のほうがスタンダードなんだ」という印象を与えてしまったであろうことは私にも想像できます。さらには、メソッドのネーミングが「完全」と「はしょる」になっていることから、「"完全"と"はしょる"では、やっぱり"完全"のほうが"完全"なんだろうな（←ややこしい）」というイメージを抱く方も多かったのだろうと思います。
「はしょる」という妙なネーミングをあえて使ったのは、「ムダな部分をそぎ落として、必要な部分だけを抽出した」ということをインパクトをもって伝えたかったからなのですが、かえって「時間がない人向けの簡略版」というイメージを与えてしまったかもしれません。ここで謹んで訂正と補足説明をさせていただきたいと思います。

　改めて私の見解を申し上げますと、

・「完全5段階」か「はしょる3段階」かは、初心者、中級者などのレベルで選択するものではありません。すなわち、初心者だからといって「完全5段階」を続けなければいけないわけではありません。

・初めてDVD学習法にトライされる方には、まず「字幕や音声で情報をつかむ感じ」をじっくり味わっていただきたいので、「完全5段階」にトライされることをおすすめします。「字幕や音声で情報をつかむ感覚」を実感していただけたら、次の2話目からさっそく「はしょる3段階」に移行していただいてまったく問題ありません。

ということになります。

　時間をかけるに値する部分に多くの時間を割く形になっている「はしょる」のほうが理想的な形である、とここで改めて断言します。ですから、「私は初心者だから……」などと躊躇することなく、どうか早々に「はしょる3段階」に移行してください。

「完全5段階」を続けなければいけないでしょうか？　というご質問をたくさんいただいた背景には、「やっぱり最低5回くらいは見なければダメなんだ」という、「同じものを何回も繰

り返さないと英語は身につかないという考え方」があるように思います。この機会に誤解のないように言っておきたいのは、けっして「5回見なければダメ」と言っているのではない、ということです。

　英語学習を苦行のように感じている人は、「あぁ、やっぱり5回も見ないと英語は身につかないんだ」のように、5回という回数をハードなトレーニングの具現化のように捉えてしまいがちです。私が完全5段階を最初に紹介したのは、「英語字幕」「日本語字幕」「日本語音声」によって得られる「情報の種類が違う」ということを、一度じっくり体感していただきたかったからです。

「英語字幕」では「音だけではわからなかったものが文字にするとわかる」ことに気づくことができますし、「日本語字幕」は内容を簡潔に伝え、ダブルミーニングのような英語のだじゃれを言葉にルビ（ふりがな）を振ることで示すことができます。また「日本語音声（吹替）」は、文字数制限のある字幕では出し切れないような細かいニュアンスまで表現することができます。そういう情報の質の違いを一度理解してもらったほうが、その後の情報の読みとりに役立つと考えたので、「まずはとりあえず5段階で」とご説明したわけです。

　英語を学ぶ人はみな、少ない時間をやりくりしながら学習時間を捻出していることは重々承知しています。ですから、時間

があまりとれない方は、最初から「はしょる3段階」で始めてくださってかまいません。

　また、私が提示している方法はあくまで「DVDを使って英語を学びたいけれど、どうやったらいいかわからない」という方のためのものです。一度、私がおすすめする方法にトライしていただいて、その上で自分に合う方法にアレンジし、カスタマイズしていく、ということも大切です。とりあえずやってみないことには、それが自分に合うか合わないか、必要か不必要かもわかりません。ある程度やってみた上で、どんどん自分に合う方法に変えていってください。

　前著では「完全5段階」と「はしょる3段階」の2つをご紹介しましたが、後ほど、その発展型である「最速2段階」もご紹介します。発展型といっても、私の方法論を読んだ上で自分なりにカスタマイズされている方ならすでにやっておられるであろう想定内の方法ではありますが、上級者の方の場合はこの「最速2段階」がベストだと私は思っています。

DVDをプレーヤー（機器）で見るか、PC（ソフト）で見るか

　DVDを鑑賞するには、テレビに接続したDVDプレーヤー（機器）で見る、液晶ポータブルプレーヤーで見る、パソコン

（PC）にDVDを入れてPC用DVD再生ソフトで見る……などさまざまな方法がありますね。

　DVD英語学習法を開始した2001年当時、私はテレビに接続したDVDプレーヤーで視聴していました。テレビの前に自分のノートブックパソコンを持ってきて、データベースを入力していたのですが、次第にノートPCをわざわざテレビの前に持ってくるのがめんどくさくなって、いつもPCを置いている机の上にポータブルDVDプレーヤーを置いて見るようになりました。ポータブルにはたいていリモコンがついているので、リモコンで一時停止などの操作をしつつ、PCにデータ入力をするわけです。

　その当時も、PCでDVDを見るソフトはあったはずですが、その時代のPCは今よりずっと処理能力が低く、DVDソフトでDVDを見ながらエクセルや辞書ソフトなどを同時に立ち上げると、DVD再生画面が固まってしまうこともよくあり、それでもっぱらポータブルを使っていました。

　最近のPCは処理能力も高いため、そのように同時にいろいろなソフトを立ち上げてもけっこうサクサク動いてくれるようになりました。そのため、最近の私はポータブルで見ることもあるし、PC内のDVDソフトで見ることもある、という二刀流になっています。

　PC内のソフトで見ると、すべてがPC内の画面で完結する

ので視線の移動が少ない分、目が疲れないかもしれません。ただ、PCでDVDを見ながらデータ入力しようとすると、DVDの再生画面のスペースを確保する分、エクセルのウィンドウを縮小表示しないといけません。データ入力のエクセルを大きく表示したいなら、ポータブルで見たほうがPC画面を広々と使えるメリットがあります。

　レイチ・メソッドでは、DVDの音声と字幕を切り替えて見ることになっています。そのため、音声と字幕の切り替えがスムーズにできるものでDVDを見るのが理想的です。ですから、プレーヤーで見るかPCソフトで見るかを決める際には、**「音声と字幕の切り替えがワンタッチで行えるか」**が第一のポイントになります。

　プレーヤーにはリモコンが付属していることが多いですが、そのリモコンに「音声」「字幕」などのボタンがあって、そのボタンで音声や字幕が切り替え可能なら非常に便利です。逆に、そういうワンタッチの切り替えボタンがなくて、いちいちメニュー画面に戻ってからでないと音声や字幕の切り替えができないものだと、この学習法を行うにはあまりにもめんどくさくて不向きということになるでしょう。

　PCソフトの場合は、マウスの右クリックで音声や字幕切り替えメニューが出てくることもありますし、マウスの代わりにキーボードで操作できる「キーボード　ショートカット」の機

能がついていることもあります。みなさんのPCに入っているソフトのヘルプを確認するなどして、ショートカットキーの割り当て（どのキーを押すとどういう操作ができるか）を事前に確認されるとよいでしょう。

「音声・字幕のワンタッチ切り替え」以外では、見たいシーンの再生時間を入力するとそのシーンにジャンプできる「タイムサーチ」機能があると便利です。5段階や3段階で見る場合、「シーンの切れ目」ごとに見るのを私はおすすめしているのですが（これについては後で詳しく述べます）、見たいシーンの開始部分に戻るのに、巻き戻しで戻るよりも、時間を入力して直にジャンプできるほうが手っ取り早いしストレスもたまらない気がします。

　その他、5秒戻り、10秒戻りなど「音声を簡単に聞き直す」機能、見たいシーンの開始時間を登録してすぐジャンプできるようにする「ブックマーク」機能なども、あったら便利な機能です。

　そういう点を考慮した上で、お手持ちの機器の取説やソフトのヘルプを参照していただいて、プレーヤーで見るか、PCで見るかの決め手にしてください。この学習法を続けるには、やはりDVDの操作が手軽であることが大事です。操作の段階でイライラしてしまっては、それで学習する気も起こらないだろうと思うからです。

「はしょる3段階」の第1段階（英語音声・字幕なし）

DVDは「容赦のない英語教材」である

　私は「はしょる3段階」をおすすめしているので、これ以降は「はしょる3段階」を例にしてご説明します。ですから、これ以降の説明に出てくる「第1段階」「第2段階」「第3段階」は、それぞれ「はしょる3段階」における各段階のことを言っていると思ってください。

　「容赦のない英語教材」という言葉は、私がずっとブログのあちこちで使っていて、前著『シットコムで笑え！』の16ページにもわざわざ太文字で（！）書いたほどです。セミナーの冒頭でも、まずはこの説明から入るのですが、DVD英語学習を始めるにあたり、まず意識してほしい部分がここなのです。

　日本人が英語学習をするために作られた教材の場合、ノンネイティブである日本人英語学習者用に、単語や表現などのレベルを調整した文が使われることになります。それに対して、私

が教材としておすすめする「海外ドラマ」はネイティブが娯楽として楽しんでいるものなので、語彙レベルや文法事項などが何も調整されていません。そこが「容赦のない」ところなのです。

ネイティブ用に作られたものを、ノンネイティブである私たち日本人が教材として使おうとしているのですから、**「わからなくても落ち込まない、すべてをわかろうとしない」という心構えが大切**になってきます。

学校のテストや受験では、「わからないまま先に進むな！」と脅された（笑）経験もおありでしょうが、この「海外ドラマを教材に使う学習法」に関しては、「わからないものはわからない、として先に進む」ことを私は常におすすめしています。「あれもわからない、これもわからない」と嘆くのではなく、少しずつわかる部分が増えていく、以前はわからなかったことがわかるようになってくる喜びを感じながら、学習を進めていただきたいのです。

第1段階は毎回行う「テスト」

すでに述べたように、レイチ・メソッドでは、第1段階で「英語音声・字幕なし」（必ず「"ネタバレ禁止"状態」で）で

見ることをおすすめしています。その理由についてもう一度、「娯楽」と「英語学習」との違いに絡めて説明させてください。

==「ネタバレ禁止」というのは、どんな内容であるかを知らずに見る、ということ==ですね。それはどういう状態かというと、例えば英検やTOEICのリスニング試験を受けているのと同じです。オフィスなのか飛行場なのか電話なのか、どこで話されている内容なのかという情報を一切知らされずに、またナレーションも文字としてはまったく示されない状態で、受験者はひたすら耳をダンボにして聞くことになります。家で試験勉強として問題集を解く場合も、テスト本番と同じ状況で設問を一通り解いてみてから答え合わせをし、解答編に書いてある英文スクリプトを読み、日本語訳を読み、解き方の解説などを読むことになるでしょう。

　レイチ・メソッドの第1段階も、それと同じことをやるわけです。DVDを見る際に、最初から英語字幕を出すのは解答編の英文スクリプトを見ながらリスニングの問題を解いているようなものだし、日本語字幕を出しながら見るのは解答編の和訳を見ながら解いているのと同じことです。せっかく問題集を買ってきたのに、いきなりそんなふうに答えを見ながら解く人はあまりいませんよね？

　「英文と日本語を結びつけてそれを丸暗記する」ことが目的で

あれば、答えを見ながらやるほうが効率がよいということにはなるでしょう。ですが、「英語を理解できるようになりたい」のなら、「何が原因でわからないのか」を突き止める必要があると私は思っています。そして、その原因を探るためにも、最初は音だけで聞いてみることが必要なのです。

　最初から答えを見てしまっては、たとえ英語を聞いてこういう意味だとわかったとしても、それが自分のリスニングの力なのか、答えを見ることで頭に入ってしまった情報と結びついただけなのか、その違いがはっきりしません。ある程度の情報が頭に入っていると、英語を聞いた時に「あぁ、そういうこと確かに言ってるよね」と簡単に納得できてしまい「なんとなくわかってしまう」のですが、その「なんとなくわかる」をいくら繰り返しても、自分の弱点は見つけにくいのです。

　弱点を見つけるためには、「音だけで聞いてどこまで理解できたか」を自分自身で実感し、後でその意味を確認してみる作業が絶対必要になります。だいたい合っていたというところもあるでしょうし、「えー、そんなこと言ってたっけ？」という部分もあるでしょう。最終段階で英語字幕をきっちり確認してみて、やはり自分の聞いたイメージと違っていたなら、「どうして自分は聞き取れなかったのか」という原因をそこから探ることができます。

　理解できなかった原因としては、以下のようなものが考えら

れるでしょう。

・音が単語に結びつかなかった。つまり、音を聞いてそれを文字にすることができなかった。単語そのものは知っていても、その音がそういう綴りの単語であることに気づかなかった。
・単語そのものを知らなかった。見たこと、聞いたことのない単語だった。
・知っている単語だけれど、自分の覚えていた意味とは別の意味で使われていた。そんな意味があるとは知らなかったので、別の意味だと思った。
・単語の意味は理解できたけれど、文章の構造そのものを読み違えていた。個々の単語の意味はわかるが、それを文章にする際に、間違えて組み立ててしまい、文全体として違う意味に理解していた。
……

　そこがつまりは自分の弱点なわけですから、今度はそこを「調査」して補強する作業が必要になります。音がわからなかった場合は、そういう音だということを辞書の発音記号や音声機能のついた辞書などで確認し、そういう音だと耳になじませる。知らない単語、もしくは知らない意味だったなら、辞書で調べてみる。文章の構造を読み違えていたのであれば、どうし

てそういう構造になるのかをじっくり考え、必要なら文法書の該当部分を調べてみる。

　この「調査」こそ、私の考える「英語学習」です。「この英語は日本語でこういう意味です」と他人が説明したことをただ丸暗記することは、学習の一部ではあっても本質ではありません。「いろんなことを知っているのが重要」「知識がすべて」のように思っている人も多いですが、その知識を使って実際に英語の文章を読みとれるか、そして自分でも組み立てられるかが大切なのです。

　英語を長年勉強しているのに、ネイティブがナチュラルスピードで話しかけてくるとびびってしまう、という話もよく聞きます。それは、ナチュラルスピードの音だけで理解しなければならないという恐怖と現実を感覚としてわかっていないからではないでしょうか。私は英語作品を見る時には、まず字幕なしの音だけで見るようにしていましたので、「音だけで理解しなければならない不安と恐怖」は自分でよくわかっていました。ですから、実際にネイティブが話しかけてきても、覚悟ができていると言いますか、少なくともパニクるということはありませんでした。

　まず意味、もしくは英語の文字を見てから音を聞く練習をすることは、「先に意味がわかっているという安心感、文字で確認できるという安堵感」を持ちながら聞く練習をしてしまって

いることになります。水泳の練習でビート板を使うことがありますが、いつもビート板を肌身離さず持っていると、いざビート板なしで泳ぐ時、「何も頼るものがない感覚」に驚き、溺れてしまいそうになりますね。「先に意味や文字を確認してから」というのは、いつもビート板を持って泳ぐ練習をするのに似ている気がします。初期にビート板を使って練習するのは効果的でも、本当に泳ぐ感覚をつかむためには、それを手離す覚悟も必要だ、ということです。

　英語の試験や、実際にネイティブと話をする際には、英語字幕（英文スクリプト）や日本語字幕、吹替は存在しないのですから、家でDVDを見ながら英語を学ぶ際にも、まずはそれと同じ状況になってみることが必要です。「意味がわかった状態で英語を聞く→なんとなく理解できてしまう→わかったということで（わかった気になって）次々進んでいく」のでは、まだまだ「娯楽」の域を出ていません。
「娯楽」と「英語学習」との違いは、「自分はどこがわからなかったかを追及し、その弱点をつぶしていく」という作業があるかないかです。テストを何度受けても、間違えたところを復習しなければ実力はつかないのと同じです。テストを受けることで問題慣れ、場慣れする、DVD学習でも「耳が音に慣れる」効果はあるかもしれませんが、「慣れる」だけではだめなのです。テストの点に一喜一憂するのではなく、テストは自分

がわからない部分を知るためのツールであると理解しなければいけない。DVD学習をする際にも、最初の「英語音声・字幕なし」（必ず「"ネタバレ禁止"状態」で）の段階が、その「テスト」であると理解していただきたいのです。

「はしょる3段階」の第2段階 （日本語音声・日本語字幕）

音声と字幕の両方を日本語にして、一気に情報をつかむ

「完全5段階」と「はしょる3段階」の違いは、「完全5段階」で

2．英語音声・英語字幕
3．英語音声・日本語字幕
4．日本語音声・英語字幕

と3段階、費やしている部分を、「はしょる3段階」では

2．日本語音声・日本語字幕

という1段階に減らしていることにある、とすでに説明しました。

先に「完全５段階」の２、３、４段階それぞれの内容と意味を説明しましたが、そこで３段階分も費やす（合計３回見ることになる）のは、とにかく時間がかかります。
　そこで、第２段階の英語の文字で確認する段階は切り捨て、第３、第４段階の片方ずつを日本語にしている段階を、両方とも日本語にしたのが、「はしょる」の第２段階「日本語音声・日本語字幕」となるわけです。

　音声が日本語で、なおかつ字幕までわざわざ日本語にするという、この「とことん日本語！」状態は、英語学習者の感覚だと、「これはもはや英語学習ではない」と言いたくなるところでしょう。
　英語学習をしているのだから、どこかで必ず英語に触れていないといけないような気がしてしまうのも当然ですし、「日本語で見る時間を、英語で見る時間に回したほうが効果的なのでは？」と思う方もおられることでしょう。
　ですが！　この時間はけっしてムダではありません。むしろ私は、意味のわからない英語を何回も繰り返して見ている時間があるのなら、その時間を「日本語できっちり意味と内容と話の流れを確認する」ほうに回すべきだと考えます。

第2段階は「答え合わせ」

「英語音声・字幕なし」という第1段階は「テスト」だと言いました。TOEICの問題集であれば、「問題集を買ってきて、答えを見ずに、本番さながらに問題を解く」のが第1段階だということですね。そして、問題集の答え合わせの時は、丸つけをしてから、英語スクリプトを確認し、その日本語訳を確認し……ということになるのですが、DVD学習法の場合は、その「答え合わせ」が「日本語音声・日本語字幕」の第2段階になります。

　この第2段階は、自分がわからなかった部分を確認するという「チェック」と、英語のセリフの意味をつかむという「インプット」の両方を兼ねています。

　特にこの「チェック」に関しては、この第2段階は非常に効率よく、手っ取り早く行うことができます。つまり、「日本語音声・日本語字幕」という「両方日本語」状態で見た時に、「あぁ、こんなこと、言ってた言ってた！」と思えれば「字幕なしで英語が聞きとれていた」ことになるし、「えっ？　そんなこと言ってたっけ？」と話の内容が思いがけないものになっていたら、第1段階で英語が全然聞けていなかったことが瞬時にわかるわけです。

第2章のリスニングのところでも触れますが、リスニングにおいて大切なのは、単語が一語一語聞きとれたかどうかなどではなくて、「どんなことを話していたか」、その内容が理解できたかどうかです。この単語が出てきた、とか、前置詞がこれだった、などの重箱の隅をつつくような細かい話ではなくて、**「話の内容が理解できたかどうか」が最重要課題**なわけですね。「そんなこと言ってた！」とうなずけたか、「そんなこと言ってた？」と驚いたかで、自分の理解度はすぐに測れてしまいます。

　そして、最後の第3段階で英語音声と英語字幕を突き合わせて確認する時には、特に「そんなこと言ってた？」と思った部分に注目（注耳）してみることで、自分には何がわからなかったのか、原因を特定することが容易になるわけです。

DVDの日本語訳は英語学習者用に作られたものではない

　これは、「**DVDの日本語訳は、英語のセリフの直訳とは限らない**」ということです。

「フレンズ」のようなコメディの場合は特に顕著なのですが、英語のセリフを直訳したところで日本人にはその笑いの意味がわからないような場合、直訳を避け、日本語風のジョークに置

き換えられることがよくあります。例えば固有名詞などの文化的・サブカル的背景を知らないと笑えない場合などは、直訳したところでかえって視聴者が「何それ？」となって、笑いの流れが止まってしまうからです。

　レイチ・メソッドでは、「DVDの日本語訳」を「答え」として頼りにすることになるのですが、このように直訳になっていないもの、もしくは別の表現で訳されているものがあるため、「使えな〜い」という訳も混ざっていることになります。

　もちろんこれは誤訳とかいうことではなく、日本語に置き換えた作品としてもきちんと成立させるために、商品として必要な作業が施された結果です。DVD学習法を開始した後に、日本語訳が原文の英語とまったく異なるものになっていて、「こんなの使えない！」と思ったりすることも出てくるのですが、その部分にはどうか目をつぶってください。
「直訳ではないから参考にならない、使えない」というところは確かにありますが、それを差し引いたとしても、やはり日本語訳があるということはものすごく大きなヒントになってくれます。ひとつが使えないからと言って全部が使い物にならないように考えず、使えない部分はあっても使える部分が大部分であるということに目を向けましょう。

　直訳ではないものの中には、英語ではもう少し遠回しに言っ

ているけれども、結局のところ意味はこうだから、と話者の本来の意図を汲む形で訳されていることがあります。また、当事者同士がわかっているため、英語のセリフではあえてキーワードを言葉として発しない（単語をわざと伏せている）場合にも、日本語ではその言葉をはっきり示して訳されている場合もあります。どちらの場合も、そういうふうに「意訳」したほうが日本語版を見ている人にストーリーがわかりやすいだろうという配慮の結果でしょう。

　英語学習者としては、そういう部分の「直訳と意訳の差」を感じとって、「本当のセリフはこんな回りくどい表現してたんだ」「日本語ではこの言葉が使われていたけど、英語のセリフではわざとその言葉を伏せている、避けているな」というように、英語のセリフ本来の意味を確認する楽しさを感じてほしいと思います。それが、日本語版で見ている人にはわからない、本当のセリフの面白さを感じられる時なのですから。

日本語を利用することに罪悪感を持たないで

　私が英語学習を続けてきて、最初から今まで一貫して感じていることがあります。それは、「**わからないものは何回聞いてもわからない**」ということです。

　言葉というのは「意味」です。意味もわからない外国語の音

だけを聞いていて、そのうちに意味がわかるようになる……というようなものではありません。

　日本人は中学・高校で英語を習うため、他の言語よりも英語には親しみもあるだろうし、それに関する知識もあります。ですから、ずっと聞いていればわかるようになる気がしてしまうようにも思いますが、これがもし、まったく知らないなじみのない言語だったらどうでしょう？
　例えば私は、スペイン語がまったくわかりません。そういう状態の私が、DVDでスペイン語の映画を音声のみで何十回、何百回と繰り返し見たところで、セリフの意味がわかるようになるとは到底思えません。俳優の表情や態度から、喜怒哀楽のどれに属するかがわかる程度だろうと思います。
　そんな時、DVDに日本語音声や日本語字幕という「日本語訳」があって、それでセリフの内容と話の流れが確認できるとしたら、俄然、わかる部分が増えてくるはずです。スペイン語を理解したいなら、意味を何も知らない状態で「スペイン語の音声をひたすら聞いて、そこから何かを感じとってみよう」と頑張るのは無茶というものでしょう。

「英語を英語のままで理解する」という感覚をつかむために、日本語を完全に排除して自分自身を英語漬けにする、という方法を提唱する方もあるでしょう。私はそれを完全に否定するも

のではありませんが、それはものすごくハードルが高いことです。その方法は、「ある程度の英語力」というよりもむしろ、「かなりの英語力」がないと、続けることも、そこから英語力を伸ばすことも、非常に難しいのではないかと思っています。

　私は、海外ドラマのDVDを使った英語学習法で英語力を伸ばした人間として、断言できることがあります。それは「DVDの日本語訳（日本語音声と日本語字幕）がなければ、今の私はいない」ということです。私が持っていたDVDが、日本語の字幕や音声がない海外仕様のものだったら、とてもこのような英語学習本を書くレベルに到達することはなかったでしょう。

　日本で、自宅で、英語を学んでいた私にとっては、この「日本語訳」の情報がとても役に立ってくれました。ですから私は「日本語訳を使うこと、大いにけっこう！」と思っていますし、日本語情報を利用することにも何の罪悪感もありません。もし他の言語を学びたいと思っても、私は躊躇なくそれを翻訳した日本語情報を大いに利用して学ぶに違いないと確信しています。

　先の「わからないものは何回見てもわからない」に関連した話になりますが、第1段階の「英語音声・字幕なし」を何回も見る、ということも不要です。すでに述べたように、第1段階

は「テスト」であって、「自分がわからないところ」を発見する段階です。一度聞いて「わかるかわからないか」を確認することだけが必要なので、意味がわからない状態の第1段階を何度も繰り返すのは時間のムダです。

　第2段階の「日本語音声・日本語字幕」は「答え合わせ」なので、これも1回見れば十分です。

　自分がやっていることの意味をよく理解した上で、「これは繰り返すことに意味があるかないか」を判断することも大切だということです。

日本語オンリーの時間がもったいないと思うなら 2倍速で見ましょう

　DVDを鑑賞するには、プレーヤー機器で見たり、PCソフトで見たりなど、さまざまな方法があることは先に説明しました。早送りや巻き戻しの段階やスピード、それにともなう字幕の表示のあるなしなど、機種によってさまざまだと思うのですが、もしお使いの機種が「2倍速にしても字幕が出るタイプ」のものなら、表題にある通り、日本語オンリーの時間、つまり「はしょる3段階」の第2段階「日本語音声・日本語字幕」を2倍速で見るのもアリ、と個人的には思っています。

　最初に断っておきますが、これはかなり極端な話ですし、セ

ミナーで言ったりすると時々あきれられたりもするのですが、あくまで「英語学習をしているのに、日本語でちんたら見ているのがもったいない」と思った方へのご提案にすぎません。私は前著でも「自分なりにカスタマイズする」ことの大切さを書いたのですが、「ここで時間をかけるのはもったいないな」と思ったら、その時間を短縮する方法を見つけるというのもカスタマイズの一種だと思うわけです。

　実際、私自身が「日本語音声・日本語字幕」を２倍速で見ることを実行しています。「日本語でちんたら見ているのがもったいない」と思った人間というのは私自身のことだったわけですが（笑）、「はしょる３段階」で時間を短縮するのなら、間違いなくこの部分だと思っています。

「フレンズ」のセリフをブログで解説する際、セリフで話題に出たなどの理由で、今まで見たことのない洋画をとりあえず見てみようと思う場合が私にはあります。「英語音声・英語字幕」でさっと一通り見ればそれですむのでしょうが、「英語のセリフを解説するブログを書いているブロガー」としての職業病（？）みたいなものでしょうか、「英語のセリフを、映画翻訳のプロがどう訳しているのか知りたい！」と強く思ってしまうわけですね。できることなら「音声（吹替）も字幕も両方とも確認したい」となるので、「日本語音声・日本語字幕」で見

る、という段階を入れたくなってしまうのです。

　２時間の映画の「日本語訳」を確認する場合、「２倍速」という必殺技（！）はかなりの威力を発揮します。セリフはもちろん早口になりますが、日本語字幕が情報を補ってくれるため、２倍速でも十分、セリフの内容、話の流れについていくことができます。また、日本語は母語ですから、仮に音声と字幕の内容が違っても、頭が混乱することはありません。先に説明したように、DVDの日本語訳は英語学習者用に作られたものではないので、意訳になっている場合もあり、その時には日本語音声と日本語字幕とで内容がまったく違っていることがあるのですが、そういう場合でも混乱することなく、むしろ「あれ？　今、違うこと言ってたな」と、違っている両方の意味を同時に理解できるくらいです。

　スピードアップして音と文字の両方で日本語を一気に頭に入れることで、「音声や字幕を何度も切り替えて、時間をムダにしちゃったかも……」という気持ちになることもないし、日本語だとどこか気を抜いてぼんやり見てしまう恐れもありますが、「２倍速だからしっかり聞き取らなきゃ」という意識が働くのか、かえって緊張が持続して、日本語情報をしっかり捉えることができたりもします。

「はしょる3段階」の第3段階（英語音声・英語字幕）

データベースの作り方

　最終段階の第3段階で、「英語音声・英語字幕」にして、英語の意味を自分で確認する作業をします。

　ここでは、基本的には「英語字幕が出てきたら一時停止」するようにします。登場人物がセリフを言い終わるのを待っていると字幕が消えてしまうので、とにかく字幕が出てきたらいったん止めます。ですから、セリフの音が途中で止まった状態になるわけですが、とにかくここは英語字幕を読むことを優先してください。

　もし、確認の意味で「英語字幕を出しながら、英語音声もちゃんと聞きたい」と思うなら、この第3段階の後に、「英語音声・英語字幕」の状態でもう一度見る、というのもいいかもしれません。

　「とにかく字幕が出てきたらいったん止めます」と書きました

が、次第に慣れてくると、短いフレーズなら見た瞬間に「ああ、あれね」とわかって、いちいち止めなくてもよくなってきます。わからないなと思う間は止めてくださいということで、わかるようになってきたら止めずに進んでくださってけっこうです。

　では、第3段階でデータベースに入力する方法について説明させていただきます。
　このデータベースは「後で検索して利用する」ためのものなので、ノートなどの紙に書くのではなく、私はすべてPC上のエクセル（Microsoft Excel）に入力しています。
　私は「フレンズ」のセリフを解説するブログを書いていることもあり、「フレンズ」の場合は1話につき1つのワード（Microsoft Word）文書でデータベースを作っていますが、それはあくまで例外で、実際にセリフを入力するには表の形になっていて項目ごとに入力しやすいエクセルが便利です。
　具体的にどういう項目を入力しているのか、ざっと項目を挙げてみますと……

・作品のタイトル（ドラマならばシーズン番号とエピソード番号も）
・DVDでそのセリフが出てきた時間
・セリフの発言者（誰のセリフか）

・セリフを言われた相手（聞き手）
・英語のセリフ
・DVDの日本語訳
・英語の直訳

そして、それ以外に

・カテゴリー
・文法
・メモ

という項目も作っています（この３つの内容については後で説明します）。

　データベースに入力する際、出てきたセリフすべてをメモる必要はありません。**自分が「記録しておきたいな」と思ったセリフだけメモる**ようにしてください。
　字幕に出てきたセリフすべてをメモるのはあまりにも大変ですし、それをやり始めるとセリフを拾って入力すること自体が目的みたいになってきます。このデータベースは、あくまで自分がアウトプットする時の参考に使うためのものです。ですから、

- 自分で使いたいと思うもの（そのままですぐに使えそうなもの）
- しゃれた表現で、自分も使ってみたいと思うもの（そっくりそのままは使えないが、いつかそれをアレンジして使いたいと思うもの）

などを優先的に拾うようにしてください。長すぎるセリフの場合は、全部を抜き書きするのではなく、使えそうな部分だけ書きとればいいでしょう。

　要は「使える表現、使いたい表現」を選ぶことになるわけですが、私の場合はブログを書いていることもあって、

- 文法的に面白いと思えるもの。文法的に「こんなのアリなの？」と不思議に思ったもの
- 辞書にあんまり載っていないけれど、「日本語のこれは、英語ではこう言えばいいのか」と思ったもの
- 日本語の発想では出てこないと思う表現
- 逆に、日本語にもよく似た表現があるなと思った表現

なども選ぶようにしています。

　私自身は、そうやって蓄積したデータベースを、キーワードでソートする（並べ替える）とか、印刷して暗記するというこ

とはまったくやっていません。「暗記するための表」を作ることが目的ではないからです。

　ここでの作業は、「<mark>後で検索しやすいように、エクセルにデータを放り込んでいる</mark>」という感覚です。自分がアウトプットする時に、そういうデータを検索して、それをアレンジして使うなかでだんだん自分の言葉になってなじんでいく、という感じなのですね。

　こういうデータベースを作り始めたばかりの時は、「何をメモって、何を捨てるか」という判断がとても難しく、おそらく「あれもこれも」入力してしまいがちになるでしょう。最初は誰でもそんなものです。私も最初の頃は「メモらなきゃ損」みたいな気持ちで何でも入力していましたが、それを続けるうちに、だんだん自分にとって有益な表現だけを拾えるようになってきました。
「自分が使うかどうか」が取捨選択の基準ですから、こればかりは他人の意見を聞くのではなく自分で判断していくしかないですし、実際に「セリフを拾う」という作業に慣れることでしか、その選別は洗練されていかないわけです。

　タイトルやエピソード番号を入力することにみなさん異論はないと思いますが、ここで「セリフが出てきた時間」を記録していることについて説明させてください。

私はいつもDVDを見ながらセリフをピックアップしてメモっているので、だいたいの再生時間（DVD上でそのセリフが出てきた時間）も入力しています。ただしセリフすべての再生時間を入力するのは大変なので、超気に入ったセリフとか、シーンの区切りになりそうなところの再生時間をメモるようにしています。

　そもそも私が再生時間をメモするようになったのは、「海外ドラマのセリフを解説する」ブログを運営しているからです。ブログの過去記事で、初期のシーズンのセリフについてのご質問をいただくこともよくあるため、該当シーンをDVDで見返して、前後の流れや登場人物の表情、言い回し、イントネーションなども合わせてチェックする必要が出てきます。そのシーンを素早く見つけるために、ブロガーの私には「そのセリフがだいたいどの時間帯に出てくるか」という情報がとても大事だったわけです。

　そういう事情で入力し始めた「再生時間」ですが、例えば2時間くらいの洋画のセリフをチェックする場合など、後でもう一度そのシーン、そのやりとりを見たい！　と思った時には非常に役立ちます。たいだい映画の真ん中くらいだった、と思って早送りで探すよりは、時間指定でピンポイントで探せるほうが明らかに負担が少ないからですね。

　この「セリフが出てきた時間」をメモするのは私の個人的な

趣味みたいなものではありますが、みなさんがデータベースを作る際にも、ところどころでいいから時間をメモっておくと、後で役に立つのは間違いないと思います。

「セリフの発言者と聞き手」について

　セリフというのは「誰が言ったか」が特に重要ですよね。有名な映画の名セリフも、「この映画の中に出てきた」というよりは、「この人が（この状況で）このセリフを言った」ということがポイントになっているわけですから、発言者の名前は欠かせません。

　と同時に（これもすべてに必要なわけではないのですが）、セリフというのは会話の一部なので、「誰にそう言ったのか」も大切なポイントになってきます。ですから、「AさんがBさんにそう言った」ことが重要であると思う場合は、「聞き手（そのセリフを言われた人）」の名前も入力するようにしています。

英語のセリフとDVDの日本語訳の次に入れる「英語の直訳」について

　DVDの日本語訳は「答え合わせ」だと説明しましたが、文字数制限に収まるように、また自然な日本語になるように訳されているため、必ずしも英語をそのまま訳したものではないことも多いです。そのような場合、「この英語のセリフがどうし

てこういう日本語訳になっているのか？」という過程を理解するために、自分で英語を直訳してみたものを記入する欄がここになります。

「直訳するとこういう日本語になるから、こなれた日本語にするとこういう訳になるわけか！」と頭を整理して納得するためのメモとなります。

「カテゴリー」「文法」「メモ」の内容について
「カテゴリー」には、セリフが使われている状況を入力します。恋人同士の会話だったら「恋愛」、「〜だったらなぁ」というセリフなら「願望」など。後で自分が使いたい表現を探す時に「状況」から探せるようにするためですが、ここはその状況の典型的な例だと思われる場合に書く程度で十分です。

「文法」は、そのセリフに使われている文法事項、例えば「仮定法過去」「現在完了形・経験」などと記入したり、その文法事項の簡単な説明を書いたりします。

「メモ」はその他の覚え書きです。辞書で調べた単語やフレーズの意味、気になること、注意すべきことなどをメモります。

　表形式だからといってすべての項目を埋める必要はありませんし、厳密に「カテゴリー」「文法」「メモ」に区分けする必要もありません。他人に披露する表ではなく、あくまでも「後で自分が使うためのデータベース」なのですから、自分がそのセリフを探したいと思った時に見つけられるような「自分でわか

るヒント」を記入しておくことが大事です。

　最初の頃はヒントとなる言葉に統一性がなくて、後から探すのが大変だったりもしますが、この入力に慣れてくると、自分なりのヒントの言葉が限定されてくるようになります。

　このように長々と説明すると、なんだかとても大変な作業のように見えますが、完璧なデータベースを作ろうとするのではなく、「記録しておきたいことを、とにかくエクセルに放り込んでいく」くらいの気持ちでやることが大切です。表を作ることが目的なのではなく、「後で検索しやすい形で残しておく」のが最大のポイントです。

　これは、ノートに手書きで記録する時代にはできなかった最大の利点です。必死に勉強して100冊のノートにさまざまな情報を書きためたとしても、「あれはどこに書いたかな？」と思い出すのは至難の業です。でもPC上のデータベースなら、検索ワードを入力して検索すれば一瞬でその場所を探し当ててくれます。難しい部分があるとすれば、その「検索ワード」の設定で、後で探す時に見つけやすい「検索ワード」をエクセルの入力時に盛り込んでおく必要があるということです。どういう言葉をヒントにするかは、個人の癖みたいなものなので、自分で決めて、それに慣れるしかありません。

　また、「こんな感じのセリフがあったよな……何だったかな？」とうろ覚えの場合には、そこで使われている英単語を思

い出すよりも、セリフの日本語訳に出てきた単語で検索したほうが早く見つかることも多いです。日本語訳を入れておくのには、そういう利点もあるのです。

　ここまで、「私はこんなふうに言葉を拾って、こんなふうにデータベースとして記録しています」という説明をしてきましたが、ここは実際にみなさんがDVDを見ながら作業するなかで感覚をつかんでいっていただきたい部分です。見て学んだことをムダにしないためにも、また将来の自分のアウトプットに活かすためにも重要なところですので、どうかご自身で体感した上で、「拾う部分と捨てる部分」「何をメモるか」を決めていってください。

見慣れない単語のすべてを調べる必要はない

　学生時代の英語の予習と言えば、知らない単語を辞書で調べることだったりしましたね。そういう習慣が染みついているからでしょうか、字幕を止めた時に、知らない単語、見慣れない単語が出てくると、ついつい調べたくなってしまうものです。ですが、「英語音声・英語字幕」の第3段階における注意点は、「知らない単語だからといって、何でもかんでも調べる必要はない」ということです。

もちろん、時間に余裕があって、「とりあえず調べてみたい」という方はぜひ調べてみてください。私も知らない単語が出てきたら、とりあえずは調べるようにしています。ですが、「あまり時間をかけられない」という方は、思い切って「この単語は調べなくていい」という選択をすることも大いにアリだと思います。

「出てきた単語を調べるか調べないか」の判断材料として、第２段階で確認した「日本語訳」が威力を発揮します。すでに日本語で内容を確認しているので、仮に見かけない単語が出てきても、「あぁ、これはあの意味ね」とだいたいの見当がつくのです。そのように「だいたいの見当がついた単語」で、なおかつ固有名詞、専門用語、日常生活で使いそうにない言葉だったりした場合には、「まぁ、そういう意味ってことね」と思って、そのままスルーしてくださってかまわないでしょう。
　日本語訳のどれに該当するかわからない場合や、自分で調べたいと思った場合には、もちろん調べてくださったらいいのです。ただ、「こんな単語、後で自分が使うことないだろうなぁ」と思う単語なら調べなくてもいいですよ、ということです。
　私のお気に入りのエピソード「フレンズ１-８」（シーズン１・第８話）の冒頭シーンに、

Dehydrated Japanese noodles under fluorescent lights.

というセリフが出てきます。DVDの日本語訳で「蛍光灯の下でカップめん」と訳されている通り、

　Dehydrated Japanese noodles＝日本の乾燥（された）麺（日本製のカップ麺）
　fluorescent lights＝蛍光灯

という意味です。
　dehydratedやfluorescentという単語、長くていかついので、学生時代の本能が目覚めて（笑）つい辞書を調べたくなってしまうものですが、ここでは日本語訳から想像できる通りの意味だろうと判断できるので、「別に調べなくてもいいですよ」とアドバイスできる単語たちということになります。

　実際、このエピソード以外で、dehydratedやfluorescentという単語に出会った記憶はありません。意味的に考えても「最重要単語」でないことは明白なので、覚えてもあまり意味がない、という単語に分類されるでしょう。
　辞書で意味を調べたところで、「やっぱり蛍光灯って意味だった」と再確認して終わりになるだけなので、それならそこは捨てちゃって、別のほうに時間を使ったほうがいいですよね、

ということです。

　学校の授業なら、すべてテストに出る可能性があるので、どの単語を覚えてもムダということはないでしょう。でも、「英会話」という試験範囲のないものを学ぶ場合には、「出てきたものすべてを調べる、覚える」という姿勢はまったく必要ないのです。

　こういう「めったに使わない単語」がポコポコ登場するのが、「生きた英語」を教材にして学ぶ特徴でもあります。ただ、それを欠点だと残念がる必要もまたないように思います。
　ドラマを見ているとわかるのですが、この「蛍光灯の下でカップめん」というフレーズは、「サエない、イケてない自分の日常」を語る言葉として自虐的な感じで使われています。その「自虐的な感じ」を面白いと思って、例えばTwitterで「オレ、今、蛍光灯の下でカップめん食ってる」という英語ツイートのネタとして使いたいと思うのなら、辞書で調べてもいいし、データベースとして入力しておいてもいいでしょう。辞書で調べるか、データベースとして入力するかの判断基準は、やはり、「後で自分が使いたいと思うかどうか」になるわけです。

　日本語訳のないオール英語の世界なら、「わからない単語はすべて調べる」ことになるでしょう。見当もつかないので、調べざるを得ないわけです。

「これは調べなくてもいいな」というふうに、捨てる単語を判断するのに、先に日本語訳で確認しておくことがとても有効になってくるのですね。

1話まるごとではなく、シーンの切れ目ごとに各段階をこなす

セミナーをするたびに、毎回のように訊かれる質問がありました。いつも訊かれるので、何回目かのセミナーからは、自分で先に説明するようになりましたが（笑）、その質問というのが、

　1エピソードを「はしょる3段階」で見る場合、1エピソード全部、つまり最初から最後までを各段階で見ればいいのですか？

というものでした。セミナーでその質問が出たら、私は

　1話まるごとではなく、シーンの切れ目ごとに各段階をこなすほうが効果的です。

とお答えしています。
　洋画ならチャプターごとに見るくらいでしょうか。「フレン

ズ」のDVDにはシーンごとのチャプター分けは残念ながらないのですが、「コーヒーハウス」「モニカとレイチェルの部屋」「ジョーイとチャンドラーの部屋」というように、「フレンズ」ではシーンの場所が明確に分かれています。とりあえず「同じ場所のシーン」をひとつのまとまりと捉え、それを3段階で見る、それが終わればまた次のシーンに移って、それを3段階で見る、というような進め方をおすすめしています。

　これには理由が2つあります。
　第1の理由は、「わからない単語だらけのまま最後まで見るのは辛すぎる」ということ。例えば「フレンズ」は、いわゆる「30分番組」なので、CMなどを除くと正味22分くらいです。それくらいなら頑張って、第1段階の「英語音声・字幕なし」で見続けることもできなくはないと思うのですが、ドラマという「お話」には必ずキーワードとなる言葉があって、もしその単語が知らない単語であった場合、それがわからないまま最後まで見続けるのは苦痛かもしれない、ということです。

　第2の理由は、「あるシーンで出てきた単語が後続のシーンに再び登場することがよくある」という点。つまり、最初に登場した段階で意味を調べておけば、直後のシーンの理解に役に立つ、ということです。
　ドラマは、あるテーマ、あるトピックがあって、話が進むの

が普通です。ですから、１つのエピソードを見ていると、そのエピソード内で同じ単語が何度も出てくることがよくあるわけです。特にコメディには、「前に出てきたネタをしばらく時間をおいてからまた持ち出す」という王道テクニックがあり、同じ単語やフレーズが再登場することがよくあります。

　またまた「フレンズ１-８」からの例ですが、「out of one's league」というフレーズが出てきます。league は「メジャーリーグ」などのリーグで「同質のグループ、仲間」、out of は「〜の外（に）」という意味なので、out of one's league は「同質の仲間の外」「同類ではない」ということになり、恋愛においては、日本語のいわゆる「高嶺の花」という意味になります。
「フレンズ１-８」では、この out of one's league があるシーンに出てきて、このフレーズがキーワードとして笑いのポイントにもなっています。つまり、out of one's league という表現を知らないと、観客の笑い声（ラフトラック、laugh track）と一緒に笑えない、ということになるわけです。「なんでみんな笑ってたんだろう？　なにが面白いんだろう？」と思った方なら間違いなく調べる対象になるフレーズ……というよりも、「ここは絶対に調べるべきだ」と判断していただきたいフレーズだと言えます。
　そうやって調べたこの表現が、「１-８」の後のシーンにまた

出てきます。学習者のために作られた英語教材では、前に習ったことを反復させるために同じ表現を意図的に盛り込んだりしますが、「本物のドラマ」の場合には、話の筋を面白くするために同じフレーズが登場するわけです。ドラマの自然な作りが英語学習者にとってもありがたい効果を生んでいる、とも言えるでしょう。

　シーンを区切って見て、初出の知らないフレーズを調べる。それがまた、後のシーンで出てきた、となった時に、先に調べていたおかげで、第1段階の「英語音声・字幕なし」の状態で、そのフレーズが聞き取れる可能性が俄然高まるわけです。「あ、これ、さっき調べたやつだ！」と気づける瞬間は、実にうれしいものなんですよね。
　そして、ここで意識したいことは、「別のシーンで（別の人が）言っていたセリフの中に、同じフレーズが出てきたことに気づけた」ということが、「そのフレーズを覚えて理解できるようになった」証拠だということ。

　最初に出てきた同じセリフの音を10回20回と繰り返し聞いて、その中のout of one's leagueを聞き取れるようになっても、それは厳密な意味では「聞き取れるようになった」とは言えない気がします。本当にout of one's leagueという表現を覚え、聞き取れるようになったかは、「別のセリフ」を「初め

て」聞いた時に、その中に入っているout of one's leagueに気づけた、ということでわかるわけですね。

　同じものを何十回と聞いて「聞き取れるようになった」というのは、それは「そのセリフの音を記憶した」だけのことです。**違う状況で同じフレーズが使われた時にそれと気づける**ような「聞き取れた」なら、実際にネイティブと会話している時に出てきても、きっと聞き取れるはず。それが、「言葉を覚える」「聞き取れるようになる」ということなのです。

　１つのエピソード内で、同じ単語やフレーズが再登場する可能性が高い。それは、「別のセリフの中で、そのフレーズが聞き取れるかどうかをチェックする」絶好のチャンスなのです。ですから、１エピソードまるまるを一度に見てしまうのではなく、こまめに区切って３段階をこなし、知らない単語を調べてから次のシーンに進みましょう。そうしたら、さっき調べたばかりの単語がまた出てくるかもしれませんよ、ということなんですね。

　ちなみに、このout of one's league、「１-８」よりも前のエピソード、「１-６」にもすでに出てきています。つまり、「高嶺の花」は「フレンズ」に何度も出てきた頻出フレーズということになるわけですが、これは「フレンズ」には恋愛話が多いことを考えても納得ですね。「フレンズ１-６」でout of one's leagueを調べた人は、1-8の初出の時に「少し前のエピソードにも出てきたフレーズだ！」と気づけたかもしれません。その繰り返しが定着を生み、そのフレーズが自分のものになっていくのです。

必要な段階をこなしたら、どんどん次のエピソードに進む

「はしょる3段階をこなしたら、その後、何度も同じエピソードを繰り返し見たほうがよいでしょうか？　それとも、わからないまま次に進んでもよいのでしょうか？」というご質問もよく頂戴します。これについては、「わからない部分があっても、かまわず先に進んでください」とアドバイスしています。

その理由は、主に以下の2つになります。

1. 「容赦のない英語教材」であるDVDをすべて理解しようとするのは非常に難しいことなので、わからないからといって落ち込んだりがっかりしたりする必要はない。
2. 同じエピソードを繰り返し見て暗記するよりも、どんどん先に進むうちに何度も出会うフレーズを覚えるようにすべきである。

1については前に説明しました。すべてをわかろうとせず、

少しずつわかる部分を増やしていく感じで進んでいってほしいということです。

　２も先ほど説明したとおりで、out of one's leagueというフレーズが「１－６」で１回、「１－８」で２回出てきたことで自然と記憶に残る、という覚え方が「頻出フレーズの正しい覚え方」だということですね。

　もちろん、「このエピソードがお気に入りなので、より深く理解したいし何度も見たい」というなら、御心のままに（笑）何度も繰り返し見てくださってけっこうです。

　私が「迷わず先に進みましょう」と常々言っているのは、「最低〇回は繰り返し見ないと身につかない」というようなノルマ意識を持ってほしくないからです。「わからないのに進んでしまっていいんだろうか？」という不安を消したいのです。

「何回」というノルマにしてしまうと、学習が単なる「作業」に変わってしまう危険性が高いのです。これは私の話ですが、「何回やらなきゃ！」と回数を意識した時点で、なんだか頭が回転しなくなってくる気がするのです。何かを理解しようという気持ちが弱まり、回数をこなすために無意識でやっているみたいな世界に入ってしまうんですね。

　仮に、「『はしょる３段階』を終えたら、そのエピソードを『英語音声・英語字幕』で10回見る」と決めたとしましょう。

それを実際にやったとして、そのことで5回見た場合と比べて2倍、2回見た場合と比べて5倍の「何か」が得られるようにはどうしても思えないんですよね。

　そういう「無意識に近い繰り返し」で時間を費やすよりは、次のエピソードに進んで、第1段階の「テスト」、第2段階の「答え合わせ」をした上で、第3段階の「何を間違ったか、何がわからなかったか」の確認を、じっくり時間をかけてたっぷり行ったほうが、英語学習としてはずっと効果的だと私は思うわけです。

　すべてを聞き取れるようになるまで同じエピソードを繰り返し見る、という必要もあまりないように思います。out of one's leagueを例に説明したように、繰り返し見ることで聞き取れるようになった、というのは、「そのシーンの音としてそれを覚えてしまった」「暗記してしまった」に近い気がするからです。

　本当にその単語やフレーズが聞き取れるようになったかどうかは、すでに申し上げたとおり、同じシーンを見て聞き取れるかどうかではなく、別のシーンで（できれば別の人が）同じ単語やフレーズを言っていた時に、それだと気づけるかどうか、ということだからですね。Aさんのセリフを繰り返し聞いて聞き取れるようになったことが重要なのではなくて、それがBさんのセリフの中で「不意に」出てきた時に聞き取れたかどう

か、が重要なわけです。英会話ができるというのは、「自分の知っているフレーズが予告なしに出てきた時に聞き取れるかどうか」ということだからです。

　テスト勉強なら、「問題と答えを暗記する」勢いで何度も繰り返すことが効果的でしょう。学校の中間・期末試験のように試験範囲が決まっているものはもちろんそうですし、TOEICのように語彙レベル、語彙のジャンルが決まっているテストの場合も、優れた予想問題集を暗記するほど繰り返すことで、似た問題が出てきた場合に対応しやすくなるのは明白です。要は、ヤマを張って、ヤマが当たる可能性のある場合には、暗記するほど繰り返す方法は有効だということです。
　でも「英会話」は、当然ですが語彙のレベル、ジャンルなどが限定されているわけではありません。対象がものすごく広いので、同じものを何度も繰り返して暗記する効果は薄いと思います。ある部分を暗記すると決めて、それを必死に覚えたところで、それが出てくる確率は低いからです。「英会話」の網羅する範囲が広すぎるため、とにかくこれを暗記すればいい、という範囲の限定が難しいのです。

　ではどうしたらいいか？　やはり、同じものを何度も繰り返すのではなくて、==どんどん進んでいく中で何度も出てくるものを覚える==、という方法が効果的ということになります。「この

フレーズ、また出てきた！」と自分自身で意識できることが大切です。そうやって「頻出フレーズ」を体感しながら、次へ次へとどんどん進んでいってください。

最速 2 段階

> 上級者向け。または、
> すでに内容を知っている作品ならこの方法で

「最速 2 段階」は、

1. 日本語音声・日本語字幕
2. 英語音声・英語字幕

になります。

　ごく最近の私は、だいたいこの方法で見ています。

　私は少し前までずっと、どんな作品を見る場合も「はしょる 3 段階」で見る方法をとっていました。どんな作品も、まず、素(す)の状態で見てどれくらいわかるか？　という今の自分の実力を測ってみたいと思ったからです。

　ですが、ずっとこういう方法をとってきて、最近は「素で見てどこまでわかるか？」を知ることにはあまり重点を置かなくなってきました。ありがたいことに、どういうジャンルの作品

でもそれなりにわかる、という自信がついてきたからです。

　そこで最近は、「字幕なしでどこまでわかるか？」を確認する第１段階「英語音声・字幕なし」は省いて、セリフの内容と話の流れを頭に入れるための第２段階「日本語音声・日本語字幕」でいきなり見るようにしたわけです（それも、先に述べたように２倍速で見ています）。そして、次の最終段階で「英語音声・英語字幕」にして、セリフの内容をしっかり調べます。

　つまり、リスニングにかなりの自信がついてきて、とにかくインプットを増やし、自分の英語を豊かにしたい、という目的がはっきりしているのであれば、その２段階だけで十分だ、というのが今の私の考えです。

　上級者、または内容を知っている場合も「テスト」は不要なので、テストを省いていいですよ、ということですね。

　私はきっとこれからも、プロの翻訳者の方がつけた日本語訳を参考として使い続けるだろうという予感があります。ですから、私としてはこれ以上の短縮は不可能だと思うので、これを「最速」と名づけたわけです。

「日本語訳」を楽しめるレベルが上級者

　上級者になって「最速２段階」で見る場合でも、「日本語音

声・日本語字幕」を使う理由について、ここで説明しておきます。

　DVD学習法を提唱している方の中には、「最初に日本語字幕で見て、まずは内容を把握する、頭に入れる」というやり方を推奨されている方が多いように思います。それに対して、「自分の今の実力をテストするために、初心者こそ最初に字幕なしで見るべきだ」と私が考えていることはすでに説明しました。

　上級者であれば、そういう「テスト」は不要です。そして、本当に英語ができる人なら、「吹替や日本語字幕なんてヒントは必要ありませんよ」という場合も多いような気はします。ですが、私はそういう方であっても、日本語で見てみることにもそれなりの効果があると思うのです。

　私自身、「日本語情報に頼り切る」状態は過ぎたと自分では思えるのですが、それでも意外とびっくりするような簡単なフレーズで単純な勘違いをしていることに気づいたりすることもあります。日本語で見る段階で、「あぁ、そういう意味だったのか！」と改めて気づくことが、今でもあったりするのです。「それは、君の英語力がその程度だからだろ？」なんていうツッコミも聞こえてきそうですが、私の実力はともかくとして、どんなに英語力が高い方でも単純な思い違いというのはあるものですから、そういうことをチェックするためにも日本語訳は参考になります。

また、かなりの意訳がなされていたり、まったく違う日本語のジョークに置き換わっていたりする箇所を発見すると、「これを完全に訳すのは確かに難しいよなぁ」と訳者の方に共感しつつ、英語を理解できなければその日本語を何の疑問も持たずに受け入れることになるけれど、自分にはそれが意訳であることがわかる、本当の意味はこうであるとわかる、という「自尊心」を高めることができるのです。英語を学んでいたからそれがわかった、という喜びですね。

　サブカルなどの背景から説明しないといけない場合は、直訳を放棄するのは当然の流れです。訳したところで日本人にはチンプンカンプンな話であれば、訳すだけムダということになってしまうからです。そういうジレンマを共有できることが、オリジナルの英語のセリフがわかる人同士の共感なのですね。日本語に翻訳しているプロの方と変わらない英語力があると自負されている方ならなおさら、その翻訳者の葛藤もわかるし、「オレならこう訳すかな」と対決（？）してみるのもいいのでは、と思うのです。

　「ほぉ、君はそう訳したんだね」的な視点で日本語訳の面白さを楽しめるのは、上級者の特権とも言えるのです。

DVD英語学習はけっして留学に劣るものではない

――― 留学と比較した場合の、DVD英語学習の利点 ―――

　生きた英語を浴びるという意味では、英会話学校に通う、さらには留学するという方法もあります。それらの方法とDVD学習法の違いは、「英会話学校や留学という環境では、英語はどんどん流れていく。DVDは一時停止もリピートもできる」という点です。

　また、DVDには音声や字幕の切り替え機能がついているので、

・「音」としての英語を、英語字幕という「文字」でしっかり確認することができる。
・日本語音声（吹替）や日本語字幕を利用することで「意味」を知ることができる。

という利点もあります。

つまり、留学なら「止めることもできず、ただ流れていってしまう」英語を、DVDならさまざまな機能で確認し、理解し、反復できるという点で、==英語をインプットする場合には、DVDは留学よりも圧倒的に有利==なのです。

そうやって、大量に仕入れた良質なインプットをアウトプットに活かすことが、「英語を話せる」ということにつながります。

アウトプットの場面では、やはり「生身のネイティブを相手にする」という環境が有効であることは間違いありません。留学は、自分の中にしっかりインプットができたタイミングで行うのがベストなのです。

つまり、DVDでインプットをしっかり行った後に、留学や英会話学校などの「ネイティブに囲まれた状況」に自分を置けば、そこで英語力を飛躍的に伸ばすことができるということですね。

留学という海外経験は、すばらしい講師の講義を受けているのに似ている気がします。与えられる情報は密で、内容もすばらしい。でも、ノンストップで続けられて、一瞬疑問に思ったことを確認する間もなく、どんどん先へ先へと進んでいってしまうのですね。

授業であれば、疑問点をメモることもできるけれど、ネイテ

ィブの世界でネイティブの会話に囲まれ、交じり、参加している間は、メモることすら難しい。気になった表現などがあっても、それをすべて記憶することは難しく、せっかくの疑問点も「ま、いいか」で終わってしまうのではないでしょうか。経験したことで満足してしまって、あともう一歩、突き詰めることをしないために、せっかくの経験が100％知識として定着しないまま終わってしまう気がするのです。

　その点、DVDは気になるところでいつでも一時停止できます。不明な点、疑問点をできるだけその場で解決することが可能です。もちろん、調べたからといって何もかも解決するわけではありませんが、疑問点を記録し、後の学習に活かすことはできます。いくら上質の生きた英語を浴びても、その都度きちんと整理し、または消化していかないと、情報があふれるばかりで、消化不良ということにもなりかねません。

　また、DVDの映像には字幕、つまり「英語スクリプト」を同時に表記できるという利点も見逃せません。英会話学校や留学では、ネイティブの上半身あたりにそんな字幕はつきません(笑)。音だけでは聞き逃してしまった部分も文字で確認できる。これもまた、DVDというツールの大きな利点なのです。

　さらに、DVDの情報には「日本語音声（吹替）」「日本語字幕」というヒントも含まれています。そういうヒントを必要に応じて使っていけるのもDVDの利点です。ネイティブが話し

ている後ろに通訳が控えてくれているようなものですね。わからない時だけ呼び出して、「今のどういう意味？」と問うことが可能なわけです。もちろん、文字数や秒数の関係で訳しきれていない部分もありますし、意訳だってあります。それでも、そういう情報が何もないよりも、参考情報があったほうが調べる際に役立つのは間違いないわけです。

　私のブログにも、海外在住の方、海外留学中の方からコメントをいただくことがよくあります。実際に英語圏で暮らしながら、同時に「フレンズ」などの海外ドラマを見て英語学習もされている方々です。英語圏で毎日英語に囲まれているにもかかわらず、海外ドラマからも英語を学ぼうとされている。これは、「ドラマで英語を学ぶことが効果的であることが、英語圏にいても実感できる」ということに他なりません。実際、海外留学している際に、ネイティブから「フレンズ」で英語を学べばいい、とアドバイスされた方も多いようです。こうした方々の存在が、DVD学習法の効果を証明してくれていると思います。

　日本で、自宅で、留学と同じ環境を作って英語を学ぼうとする際に大切なことは、「==英語圏で無意識にやっていることを、日本で意識的に行う==」ことです。日本ではさすがに朝から晩まで英語漬けになるわけにはいきませんから、「大量に浴びる英

語のいくつかが頭に残っていく」英語圏での方法ではなく、「出てきた英語のすべてに意識を向けて、こまめに拾い上げるように努める」ことが必要になってくるわけです。

> 「第1段階」がさっぱりわからない……
> と挫折しそうなあなたへ。
> その「さっぱりわからない第1段階」が
> ノンストップで延々と続くのが「留学」という状態です

私はたまたま留学する機会がありませんでしたが、留学という経験は間違いなくすばらしいものだと思っています。ですから、これから留学しようとお考えの方は、ぜひ迷わずに行ってください。

ただ、留学という状態が、DVD学習においてどの段階に当たるのかを考えてみた時に、私はDVD学習法の利点と効果をさらに強く確信しました。

DVD学習法の第1段階「英語音声・字幕なし」(ネタバレ禁止状態)

これが「留学」という状態です。そして、その先の第2段階、第3段階を経ることなく、第1段階がノンストップで延々と続く。これが「留学」の状態なのです。

「まずはネイティブが見ているのと同じ状態で見て、自分の英語力を確認する」というのが第1段階です。ですから、これが留学の状態と同じであることは、ある意味当たり前なのですが、問題はその先です。

DVDで行う「日本語による答え合わせ」の第2段階、「英語字幕を確認して自分で調べる」第3段階が、留学では完全に抜け落ちているのですね。

もちろん、留学で授業のようなものを受けている時にはメモもとれるし、テキストなどもあるかもしれない。それでもやはり、DVDで一時停止するほどの頻度で、会話を止めることも、それを記録することも不可能でしょう。

このことを実感するために、まずは第1段階の「英語音声・字幕なし」（ネタバレ禁止状態）で、だまされたと思って見てみてください。

「とにかくわからない」とショックを受ける方がほとんどです。この時点で「DVD英語学習って、大変そう、難しそう」と思う方も出てくるでしょう。

そんなふうに気持ちがメゲそうになっている時に、「これがノンストップで延々と続くのが留学という状態なのです」と説明すると、ハッとされる方が本当に多いです。セミナーでそれを説明した時には、大袈裟に言うと「会場が一瞬凍りついた」

かのような空気に包まれたこともあります。
「オール英語の環境に浸かる」ということは、圧倒的な量の英語を自動的に浴びることができるという点で確かにすばらしい環境なのですが、悲しいかな、それをすべてキープすることはできず、どんどん自分の手からすり抜けていってしまう。調べることも確認することもできずに流れていってしまう。それが実状なのです。

　先ほど、DVD英語学習における利点をいくつか説明しました。

・一時停止ができる
・英語字幕という「文字」で確認できる
・日本語音声（吹替）、日本語字幕という「日本語訳」で意味がわかる
・何度も同じ箇所を繰り返し見る・聞くことができる
　……

　すべて、英語学習にとって有効な点だと思うのですが、なかでも「一時停止ができる」という点は、ものすごく大きいと思います。それはつまり、「わからない」と思った時に、ちょっと待って、と止めることができる、わからないと思った瞬間に、その場ですぐに調べることができる、ということです。

留学が英語学習の場としてすばらしい環境であることは間違いありません。ただ、そこで浴びる英語は止められないし、どんどん流れていってしまうので、次から次へと英語を浴びる中で「あれ？」「今の言葉、何？」と思っても、それを解決する間もありません。疑問に思ったことがそれきりになってしまう、「英語を学ぶチャンスだったのに、そのチャンスを逃してしまう」ということです。

「あれ？」と思うたびにいちいち会話を止めていたら、会話が成り立たない、わからないことをいちいちメモにとることもできない、疑問を家に帰るまでずっと記憶しておくこともできない……ということで、「ノンストップで果てしなく続く英会話から、一体どれだけのことが学べるんだろう？」と私は思ってしまうわけです。英語を学ぶための「とっかかり」がない、というか、音だけの英語を聞いた後に、それを使ってどうやって学んでいったらいいの？　と路頭に迷う感じがすると言いますか。

　そんなふうに思うのは、私がずっとDVDを使って英語を学んできた人間だからなのかもしれません。留学や英会話学校というのは、英語を学ぶための超オーソドックスで超スタンダードな方法なので、「英語がどんどん流れていく」ことに疑問を抱く人もいない、それが普通だとみんなが思うはずだからです。

でも、私はプロフィールにもあるように「海外経験なし、英会話学校にも通わずに」、DVDで英語を学んだ人間なので、「英語がどんどん流れていってしまう」留学や英会話学校における「普通」を逆に知らないわけです。流れていってしまう英語を聞いたら、きっと「ちょっと待って。今の何？　確認させて」と、話している人をつかんで止めたくなる（笑）。
「DVD学習の第1段階が留学と同じ状態なんだ」と気づいた時、私は「第1段階が延々と続く中に置かれたら、私はそこで何を学ぶことができたんだろうな？」と思ってしまったわけです。一時停止できたらそこで解消できたかもしれない疑問が、解決しないまま流れていく世界で、私は今自分が持っている英語力を身につけることができただろうか？　と。

　つまり、極端な話、留学は「一時停止できない」という意味で勉強法としては「不利」なわけです。それを補って余りあるだけの「体験」という効果はもちろんあります。ですが、純粋に「英語を学ぶ」という観点だけで見ると、DVDのほうが「英語学習に特化して効率よく効果的に学べる」と言えるのではないでしょうか。
　留学のように「英語の環境に自分を置く」ことによる利点は、自分がアウトプットする時に大きく生きてきます。ですが、少なくともインプットの段階においては、先ほど挙げた利点を考えても、DVD学習法のほうが留学よりも圧倒的に有利

だと断言できます。

　ですから、「留学できないから、DVD学習でガマンするしかないかな」みたいに、DVD学習法を留学より下のもののように見ないでいただきたいと思います。学ぶ素材を十二分に活用して学べる、効果的かつ効率的な方法だと、自信を持って始めて、そして続けていただきたいのです。

　DVD学習法でしっかりインプットした後に、留学や英会話学校などでたくさんのアウトプットを行う、という順序が、英語学習のあるべき姿だと私は思います。

DVD英語学習法は初心者にも効果的

　DVD学習法は、ネイティブが娯楽作品として楽しんでいる「本物の生きた英語」を教材としていることから、「この学習法は初心者には向いていないのではないか」「ある程度の語彙力・文法力を身につけた上で始めないと効果がないのではないか」と感じる方もおられるようです。

　ですが私は、初心者がこの学習法をいきなり始めてもまったく大丈夫であると考えています。「ドラマを教材にするのは、もう少し力がついてから……」と考え、「生きた英語」とは切り離されたところで、単語本や文法書で知識を蓄積するという学習をぐるぐる行うことの方がむしろ初心者にとっては辛く、

また効果も感じられない気がします。その語彙や文法が実際にどのような形で「生きた英語」に登場するのか、という実例を見ないままでは、そのような知識の蓄積という行為は苦痛でしかないように私は思うわけです。

　これから語彙力を増やしていきたい、文法知識を身につけたいと思っている方こそ、「生きた英語に触れながら」語彙力・文法力を伸ばしていく方が効果的です。まずはボキャビル、それから文法知識……のように、1つひとつを制覇していくのではなくて、「生きた英語を題材にし、セリフの意味を理解する中で語彙・文法を同時に学ぶ」ことが大切だということです。
　言葉は、その言葉が話されている状況の中で学ぶのが理想的です。この英単語は日本語ではこういう意味、というような一対一対応の暗記ではなく、どんな状況、どんな文脈の中でその言葉が出てきたかを知ることで、その単語の意味が深く理解でき、自分でも使えるレベルになる、ということですね。
　例えば、子どもがやっているゲームの用語に「降臨」「召喚」などという小難しい言葉が出てきても、子どもはゲームを行っている「状況」の中でその言葉のニュアンスを学びます。それを、子ども向けだからといってわざわざ簡単な言葉に言い換えてしまっては、「本来の言葉の持つカッコよさ」も半減してしまうわけです。「状況」が伴えば、そこに言葉の難易度、語彙レベルなど関係ないのです。

初心者の方でも、この学習法なら「使えるフレーズのストックがどんどんたまっていく」という「即効性の効果」もあります。頻繁に登場する簡単なフレーズであるほど「日本語訳とのズレ」が少ないので、エピソードをどんどん続けて見ていくことで、まずはそういう「簡単で便利なフレーズ」が「感覚的に」自分の中に蓄積されてくるのですね。
「最初はさっぱりわからない」。実際私もそうでした。それが、「ネイティブと同じようにわかる」というレベルになるには、まずは「簡単なフレーズからわかるようになる」ところから始めるしかないのです。

　それに、語彙力や文法力を蓄えた上で海外ドラマを見たらすらすらわかる……というようなものではありません。
「海外ドラマをわかるレベルになるまで、まずは語彙力・文法力をつける」という順序ではなくて、「海外ドラマを見ながら、わからない語彙や文法を調べることで、語彙力・文法力が上がっていく」というのが、やはり言葉を学ぶ本来の姿だと思います。

第2章

部門別攻略法
(読む・聞く・書く・話す)

英語4技能

インプットかアウトプットか、文字か音か

英語の4技能として、「読む（Reading）、聞く（Listening）、書く（Writing）、話す（Speaking）」が挙げられますが、その4つは独立して存在しているのではありません。

英語4技能

	Input（Passive） 理解語彙	Output（Active） 表現語彙	
文字 書き言葉	Reading	Writing	↓ 省略
音 話し言葉	Listening	Speaking	

Input ＞ Output
この関係は絶対に崩れない

「読む」「聞く」というインプットは、「読んでわかる、聞いてわかる」という理解語彙の話になり、「書く」「話す」というアウトプットは、「自分が書く際、話す際に使える」という表現語彙の話になります（理解語彙と表現語彙については、後で述べます）。

まずは4技能を「インプットとアウトプット」という縦軸で区分できるということですね。

そして横軸の方を見てみると、「読む」「書く」というのは、「文字としての書き言葉」での表現となります。それに対して、「聞く」「話す」というのは、「音としての話し言葉」になりますね。そのように「文字ベース」か「音ベース」かという区分けが横軸になります。

このように「インプットかアウトプットか」「文字か音か」で分けた場合に特徴的な点を、表の外に書いてみました。「インプットとアウトプット」に関して言うと、

インプット ＞ アウトプット

の関係は絶対に崩れません。

これは容易に想像できると思うのですが、自分で何かを発信しよう、アウトプットしようと思っても、インプットがない状態では発信できません。「読めるほどには書けないし、聞ける

ほどには話せない」ということですね。

　また、「文字か音か」の話になると、文字としての書き言葉に比べて、音としての話し言葉は、省略が多用されます。それは、実際に相手を目の前にしていることもあり、お互いの状況がわかっていてすべてを説明する必要がないこと、また、表情やイントネーションでカバーできる部分が多いため、「文法的に正しい本来の文の形」を維持する必要がないためです。「家に帰るところ？」と尋ねたい場合には、文字で書くと、Are you going home?になるでしょうが、会話だと、Going home?で文の最後を上げ調子にすれば、それで疑問文だとわかります。文字の場合は音で聞き分けることが不可能なので、「疑問文であれば文頭を倒置にする」「語尾に？（疑問符）をつける」という「文字で見てわかる判断材料」が必要になってきますが、音の場合は文尾を上げれば相手に問いかけているのだとわかるから、倒置や符号などの目印は必要ないわけです。

　これから４技能について１つずつ説明していきますが、それぞれが単独で存在するのではなく、いま述べたような縦軸と横軸という共通項があることを意識していただきたいと思います。「読む」はインプットという視点で「聞く」と共通する部分があり、文字という観点で「書く」に通じる部分がある、というように、相互の関連を感じながら読み進めていただければ

と思います。

表現語彙と理解語彙（active vocabulary と passive vocabulary）があることを認識する

「ボキャブラリー（語彙）」とひとまとめにされることが多いですが、ボキャブラリーには大きく分けて2種類あります。アクティブボキャブラリー（active vocabulary）とパッシブボキャブラリー（passive vocabulary）です。

activeは、「積極的な」「能動の」という意味で、英文法でthe active (voice)だと「能動態」になります。passiveは、「消極的な」「受動の、受け身の」という意味で、the passive (voice)は「受動態」です。

active vocabularyは文字通り「積極的な語彙、能動語彙」、つまり「書く・話す時に自分で使える語彙」という意味で、日本語にすると「表現語彙」。

passive vocabularyは「消極的な語彙、受動語彙」、つまり「読む・聞く時に理解できるが、自分では使えない語彙」という意味で、「理解語彙」を指します。

つまり、語彙といっても、「読んで聞いてわかるだけのレベル」と「実際に自分で使えるレベル」とに大きく区分けされるということです。

そのように、==読んで聞いてわかる単語と、自分が書いたり話したりする際に使える単語は大きくレベルが違う==のです。それを意識しないまま、「単語をこれだけの数覚えた！」と勝ち誇るのはナンセンスな話です。そういう意味で、私は自分の語彙レベルが「何語レベル」かということには興味がなく、実際に「何語レベル」に該当するのかも知りません。語彙レベルうんぬんをいうのなら、「理解語彙で何語レベル」「表現語彙で何語レベル」と言わなければ意味もないだろうし、またそれを確認するのも難しいだろうと思うからです。

　インプットとアウトプットは元々レベルが違います。インプットとして学んだことの100％をアウトプットできるようになるわけではないのです。「読んで聞いてわかる」のと「実際に自分が使える」のとには大きな距離があるので、パッシブボキャブラリーとして理解できるようになった上で、それをアクティブボキャブラリーに変えていかなければならない、ということになります。

　単語本で意味を覚えている間は、パッシブボキャブラリーを構築中、ということになるでしょう。パッシブボキャブラリーとして習得できたのであれば、文章中に出てきた時に、意味が理解できるレベルになった、ということになります。ただ、パッシブボキャブラリーで留まっている段階では、それだけでは

「使える」ようにはなりません。まだ、アクティブボキャブラリーの域には達していない、ということですね。

　受験英語、そして選択のマークシート試験の場合は、どうしてもパッシブボキャブラリーの知識を問う問題が多くなります。「実際に使う」という行為を試す場面がないからです。ですから、それで高得点が取れるようになっても、それはパッシブボキャブラリーの多さを証明してくれるものでしかない、ということを忘れないでください。実際に「使える英語」に必要なのは、パッシブボキャブラリーのさらに上の、アクティブボキャブラリーなのです。

　今までそういう視点で語彙を考えたことがないという方は、ぜひこれからはそういう観点を持ってボキャビルに取り組んでください。ビジネスによっては、「読んで聞いて理解する」英語力だけがとりあえず必要という方もいるでしょうから、そういう方はパッシブボキャブラリーを増やすことで仕事もスムーズになるでしょう。ですが、相手に対して実際に英語を「使う」ことを求められるのであれば、語彙をアクティブボキャブラリーとして増やしていかなければいけないということです。

　日本語でも、「書けなくてもいいけれど読めたほうがいい漢字や言葉」というのがあります。私は、難しい漢字は仮に自分で書けなくても読めたほうがいいと思っているタイプです。ですから、本来は漢字表記があるのに、常用漢字ではないという

理由でひらがなになっているのを見ると、何かしらの違和感を覚えます。面倒くさくても、難しい漢字にルビを振って本来の漢字表記で書いてほしいと思います。ひらがなばかりの文章では、漢字を習いたての小学生の文章を読んでいるみたいな気持ちにもなるし、表意文字の漢字を使っている日本語のありがたみが感じられないような気もするからです。

　漢字に限らず、自分の言葉にはうまく盛り込めなくても、人の会話に出てきたら意味はわかる、という言葉もありますね。どんな言語であっても、「言葉を覚える」というレベルは1つではない、ということです。ある分野の専門家が専門的な話をしている場合、話している言葉の意味はわかるけれど、自分も同じように専門的語彙を交えて的確に話せるかというと、なかなかそれは難しいですね。

　また、子どもはある程度の年齢になると、大人の言っている内容がかなりわかるようになりますが、子ども自身が話す場合はやはり、まだまだ語彙が限られていて、どうしても稚拙な表現になってしまうものです。母語であっても、表現語彙と理解語彙は当然あるということです。

英英辞典で「2000語のロングマン定義語彙」に慣れる

　4技能の話に入る前に、ここで英語学習の必須アイテム、辞

書について話をさせてください。

　辞書といえば、英和、和英、英英などがありますね。私も昔は英和をよく使っていたのですが、だんだん英英にシフトしてきました。今でも英和は使うのですが、ここぞ！　という時にはやはり英英だと思っています。

　英和は「日本語ではこういう意味」という、いわば「日本語での同義語」を紹介しているといえます。それに対して英英は、「意味そのもの」を紹介している、言葉の「本質的な意味」を説明している、という大きな違いがあります。元々機能が違うので、うまく使い分けるべきだということです。日本語に置き換えると同じような言葉になってしまいがちな単語でも、英語に幾通りもの言葉があるのであれば、それはそれぞれニュアンスの違いがあります。そういうニュアンスの違いを、話者の気持ちや立場などを説明しつつ、実にうまく説明してくれているのが英英辞典なのです。

　もしネイティブと英語の解釈で議論となった場合に、武器として使えるのは英英辞典しかありません。たとえ「英和辞典にこう書いてある」と言っても、ネイティブに対しては説得力がないと思うのです。仮に日本語を学んでいるアメリカ人に、「アメリカで発行されている日本語－英語辞典にはこう書いてありますが」と主張されても、日本人としては「はぁ、アメリカの本ではそんなふうに説明してあるんですかぁ……」としか

言えない気がするのですね。

　その点、英英辞典なら、「辞書にこう説明してある」と言えば、ネイティブもそれに耳を傾けないわけにはいきません。日本語を学んでいる外国人から「広辞苑にはこう書いてありますけど」と言われれば、こちらも「そんなわけない」と拒めないのと同じです。結局のところ、英単語の本質的な意味については英英辞典の定義が一番の基礎となるわけですから、できるだけ早いうちに英英辞典を味方につけたほうがお得、ということです。

　私が最近、愛用しているのは、Longman Advanced American Dictionary、通称LAADと呼ばれている英英辞典です。元々ロングマンシリーズは好きだったのですが、これはそのアメリカ英語版です。私が見ているのはもっぱらアメリカ英語のドラマなので、やはり米語に特化した辞書を一番重宝しています。

　ロングマンを使っているとわかりますが、語義が非常にわかりやすく書かれています。なぜなら、単語の語義、定義文が、「2000語のロングマン定義語彙」（the 2000-word Longman Defining Vocabulary）で書かれているからです。つまり、**語義説明に使われている単語が、ロングマンが定める基本英単語2000語に限定されている**ため、語義の単語がわからなくて「また引き」する、という回数が、その2000語に慣れるに従っ

てどんどん減っていってくれるのです。

　単語を覚える上では、同義語を同時に覚えるのも１つの方法ではあります。が、何かの意味を調べるのに、難しい他の単語で言い換えられてしまうと、結局、その意味は何なのか？　という本質的な内容を知ることが難しくなってしまいます。

　ロングマンの語義は、必要最小限の言葉を使って、実に簡潔明瞭、論理的に、言葉を説明してくれています。私はそれに感動すら覚えます。言葉とはこう説明するものなのね！　という美しいお手本であるとも思えます。それも、語彙を2000語に限定して、詳しく内容を説明できているところがまたすばらしい。もちろん、2000語内で説明しきれない場合もたまにはあります。その場合、2000語以外の単語は大文字表記されることになっています。それを知った上でロングマンの語義を見てみると、大文字の単語（定義語彙以外の単語）が使われるのは、「本当にやむを得ない場合」しかないことを実感できるでしょう。

　いつもロングマンを使っていれば、自然とロングマン定義語彙の2000語に慣れてきます。単語本のように2000語を一覧にして強制的に覚えるのではなく、辞書を引くことで自然に覚えられる……こんなに効率的で効果的な方法はありません。英語ではこういう意味になる、ということを確認しながら、2000

語の定義語彙をマスターできる、まさに一石二鳥なのです。

また、ロングマンの語義パターンに慣れることで、少ない語彙で相手に伝えたいことを伝える術（すべ）も学べる気がします。

基本的な単語でありとあらゆる事象を説明できる能力、というのはとてもすばらしいものだし、ノンネイティブであればなおさら磨きたい能力だと思います。何かを伝えるのに、そのものをダイレクトに指す言葉を知らなくても、言葉をかみ砕いて解説できる力があれば、どんなものでも説明することが可能になります。英英辞典を使いこなすようになると、その論理的な語義説明に慣れてきます。それに慣れることで、自分が書く、話す立場になった時に、同じような感覚で、論理的に言葉を紡ぎ、説明できるようになってくるのです。

英語4技能とDVD学習法の関係

ここで改めて、英語4技能の表と、DVD英語学習法（レイチ・メソッド）を関連づけてみますと、

インプット ＞ アウトプットの関係は絶対に崩れない。
すなわち、アウトプットするためには大量のインプットを行わなければいけない。まずはインプットを行うことが、英語力を伸ばすための絶対条件となる。

↓

　良質なインプットを行うためには、「英語がどんどん流れていってしまう」留学や英会話学校よりも、「一時停止ができる、英語の音を英語字幕という文字で確認できる、日本語訳を呼び出すことができる、何度でもリピートできる」DVD英語学習法のほうが圧倒的に有利である。

ということになります。

インプット → **インプットをアウトプットに変換** → **アウトプット**

**インプットなくして　　　　　　　　　　　　　英借文
アウトプットなし**

良質なインプットを行うには　　　　　　インプットしたデータベースを
留学よりもDVDのほうが有利　　　　　　　アレンジして使う

一人でできること

**Rach流DVD学習法
（レイチ・メソッド）
「はしょる3段階」**

1. 英語音声・字幕なし（＝テスト）
2. 日本語音声・日本語字幕（＝答え合わせ）
3. 英語音声・英語字幕（＝調べる）

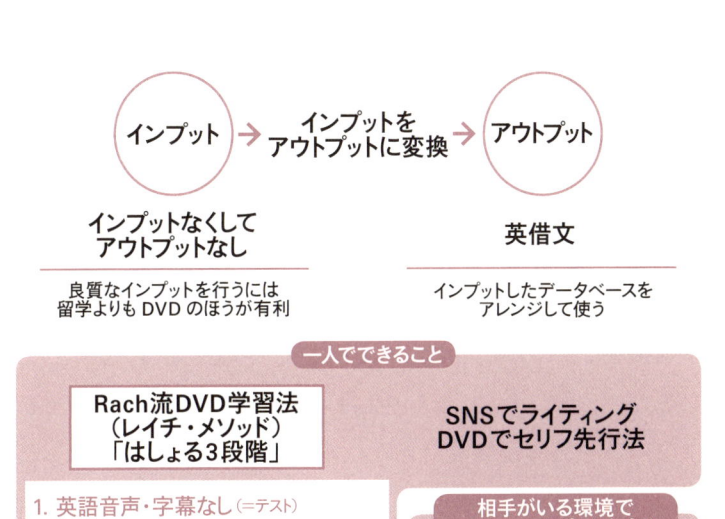

**SNSでライティング
DVDでセリフ先行法**

**相手がいる環境で
さらにアウトプットを磨く**

**英会話学校
海外留学**

「インプットに関してはDVD学習法のほうが圧倒的に有利」だということは、実際にDVD学習法にトライした方ならわかってもらいやすいと思います。

　逆に言うと、「アウトプットに関しては留学や英会話学校が有利」ということで、それは私もまったく否定しません。「自分が英語でアウトプットして、それが相手に通じるかどうか」は、生身の人間を相手にして確認するのが一番なのは言うまでもないからです。

　ですが、そのアウトプットに関しても、「自分が蓄積したインプットを、うまくアウトプットに活かすコツ」というのがあります。「しっかり学んだインプットを、使えるアウトプットに変えていく」という方法ですね。

　インプットからアウトプットへの変換というのは、理解語彙を表現語彙のレベルに高めるということで、「とりあえず話し相手を用意して話し続ければなんとかなる」というものではありません。「インプットからアウトプットへ」というスムーズな変換を行うための方法も、以下の部門別攻略法でお話ししていきたいと思います。また、生身の人間との対話以外でもアウトプットを磨く訓練はできるので、それも併せてご紹介します。

　インプットをアウトプットにうまく活かす方法を身につけたら、そこから先は、さらにインプットを続けつつ、そのインプ

ットを利用してどんどんアウトプットするだけです。留学や英会話学校という「英語を話す相手がいる」環境を最大限に活用できるのはそこからです。

　まずは、日本で、自宅で、
　1．DVD学習法で良質なインプットを行う。その中で、生きた英語を素材にして学ぶ要領を身につける
　2．身につけたインプットを、アウトプットに変えていく方法を学ぶ

ある程度、その方法を身につけた段階で、「大量に英語を浴びる環境、ネイティブを前にして話す環境」に飛び込んだほうが、ずっとずっと効果的ですよ、ということを私は言いたかったわけです。
　上記1、2を行うのに、生身のネイティブスピーカーは必要ありません。その人たちの出番はもう少し後にしてもらって、まずは「一人で学べること」「先に学んでおくべきこと」を、日本で、自宅で、やっておいてほしいと思うのです。

読む(Reading)

直訳でわかる日英の「構造」の違い

「わからないから、とりあえず直訳してみました」みたいな言い方があります。その言葉には、「直訳＝こなれていない訳」のような、少々、未完成で卑下するイメージがありますよね。ですが、まずは直訳してみること、そしてその直訳をする際に、文に入っている要素のニュアンスを可能な限り盛り込んで訳してみる、という行為に、英語を理解するポイントが隠されていると私は思っています。ですから私は、「直訳」という言葉のために弁護します、「直訳をバカにしないでください」と。

　実は、<u>正しく直訳するためには英文の構造を理解する力が必要</u>で、本当にしっかり「直訳」できれば、それでほぼ、英文が解釈できたに等しいところまで来ているのです。雰囲気でなんとなく意味をとるのではなく、文に含まれている単語などの要素すべてに意味があると捉え、そのニュアンスをすべて拾い上げようと試みることで、文章の意図を細かく読みとる、という

感覚です。

　また、そのように「すべての要素には意味があり、何かしらのニュアンスを出すのに貢献している」ことを意識しながら拾うことで、英語と日本語の構造の違いを強く認識することができるのです。日本語にはない、冠詞のaやthe、単数形と複数形の区別なども、意識的に訳出してみることで見えてくることがたくさんあります。

　自分でもちょっとくどすぎるなと思うほどの直訳を、まずはしてみてください。そこに、日本語との違いが見えてきます。日本語らしい「こなれた」訳で意味をとってしまい、英文とそのこなれた訳とを一対一対応で丸暗記している間は、日英の文の構造の違いを認識することはできません。

『続 日本人の英語』（マーク・ピーターセン著、岩波新書）では、ピーターセンさんご自身のお話として、日本に来て間もない頃は、スケジュールを確認するのに「手帳を見ます」と答えるところを、「私は私の手帳を見ます」というような「日本語過剰文」にしてしまいがちである、ということが語られていました。

　つまり、I'll check my schedule book.という英語の感覚で、「私は」「私の」という、自然な日本語ではわかりきったこととして省略される言葉を入れてしまい、結果、不自然な日本語の文を作り上げてしまう、ということですね。それは実際に英語

を日本語にしてみて、英語と日本語を比較してみて気づくことでもあります。それだと日本語では過剰になってしまうんだ！という「気づき」、それが外国語を学ぶ上では大切なことなのです。

　逆に、日本人の立場で考えてみると、日本語ではそんなにくどくどと所有格をつけないけれど、英語ではそれが必要で、そこが英語らしさであり、英語という言語なのだという「気づき」になるわけです。英文を訳す際、主語や所有格など文の要素となっている単語をもれなく拾って直訳しようとすると、「私は私の家で私の子どもに……」のように、やはり「私の」が頻繁に入ることに気づけますね。

　英語と日本語はこんなふうに違う、というような話は、参考書などを読んでいるうちに豆知識として入ってくることもあるでしょう。大切なのは、それをただのトリビア、豆知識で終わらせず、生きた英語で実際にそういう形で使われていることを確認し、しっかり理解することなのです。

　ですから私は、自分のブログでセリフに自分なりの訳をつける時に、「まずは直訳」ということをやってみます。直訳するとこうなる、それはつまり英語としてはこういう内容を言っていて、それをこなれた日本語らしい日本語にするとこんな感じですよね、という流れで解説を進めていくのです。そうすることで、日本語と英語の構造の違い、発想の違いに気づくことが

できます。同じ内容を伝えるのでも、英語ではこんな言い回しをするんだ、こんな表現を使うんだ、ということを知ることで、英語独特の感覚を身につけることができるのです。

英文の構造を理解する「英文解釈」には意味がある

　辞書を片手に訳してみたけど、どうもうまく訳せない、という場合はたいてい、文章の構造が読みとれていない、文章の構造を読み間違えていることが多いです。この言葉はどこにかかり、何を修飾しているか、それぞれ関連づけることができれば、文全体の意味がとれるはずです。

　英語の文は、SV「主語＋動詞」というシンプルな形が基本です。それにさまざまな要素がくっついて長い文章を作り上げているわけですが、長い文章であればあるほど、まずその文章の一番メインとなっているSVを見つける作業を最初に行うことになります。そういう構造を見極めるのに必要なのが、「文法知識」なのですね。

　シンプルなSVの形がまずあって、主語のことをもっと詳しく説明したい場合に、主語の後にwhoという関係代名詞を続けて、「（主語の）その少年は、これこれこういうところに住んでるんだけど……」というように説明を「付け足す」感覚が英

語にはあります。日本語の場合だと、「どこどこに住んでいるその少年」みたいに、少年という言葉の前に全部並べてしまう（少年という名詞の上に全部乗っけてしまう）ことでその主語（名詞）を修飾するわけですが、関係代名詞を使った英語の文では、日本語では前に来る部分が後ろに来てしまうことになる、その後ろに来た部分は「前の部分の追加説明、付け足し説明」になっているという構造を理解していただきたいのです。

　その他には、veryは何を強調しているか、副詞が修飾している動詞は何か、そういう関係を理解することで、「何がどうする、どうした」という一番シンプルなSVの姿が浮き彫りになってくる、ということです。いろいろくっついている修飾語たちに目を奪われ過ぎることなく、メインのSVを探し出せる能力を養うように心がけましょう。そして、そのSVにいろいろ付け足しや飾りをつける感覚を、リーディングの構造分析でしっかりやる訓練をしておけば、自分が言葉を発する側になった時も、そういう構造を頭に置きつつ、文章を作り上げることができるようになります。

　受験英語の悪玉のように言われている「英文解釈」「訳読方式」には確かに弊害もあります。日本語に直せてしまえばそれでオッケーみたいなところもありますからね。ですが、英単語を日本語に置き換えて、それをパズルのように並べ替えてなんとなく意味の成り立つ文を作り上げるのではなく、英文の構造

を理解する英文解釈なら大いに意味があるのです。というか、それができないうちは、英語を英語のままで理解したとは言えません。

単語の意味は、位置と文脈で決まる

　日本語には、「は」「が」「を」などの助詞があって、それが単語と単語の関係を限定しています。一方、英語の場合、「に」「へ」などの助詞は、in, at, to などの前置詞で表現されて副詞句を作りますが、「〜は」「〜が」という主語や「〜を」という目的語を判断するのは語順になります。つまり、その単語がどの位置にあるかで「〜は」の意味になるか「〜を」の意味になるかが決まる、ということですね。

　主語や目的語に限らず、形容詞なのか副詞なのかといった「品詞」も語順によって決まります。英単語を辞書で調べると、1つの単語に名詞、形容詞、自動詞、他動詞などの複数の品詞の意味があることが非常に多いですが、それも、その単語の位置によって品詞が変わるという英語の特徴をよく表しています。自動詞にもなり、他動詞にもなる、というのがその典型かと思いますが、その動詞の後ろに目的語がくれば他動詞だし、目的語がなければ自動詞、と判断できることになります。

　日本語であれば、1つの単語を取り上げて、「この単語の品

詞は何でしょう？」という文法の問題を作ることができますが、英語の場合は1つの単語がさまざまな品詞で使われるので、「この品詞」とは限定できないわけです。

　そういう意味でも、英単語を日本語訳との一対一で暗記しても、その単語を理解したとは言えないのです。==文章の中でその単語が出てきた時に、位置と文脈から、これはこの品詞で、だから意味はこれである、と判断できなくてはいけない==ということです。

「フレンズ3-4」で、pretty but dumb「かわいいけどおバカ（stupid）だ」と言われて、「おバカとは言われたけどルックスは褒められた」と喜んだら、それはpretty dumb「かなりおバカ」の間違いだったとわかるシーンがありました。pretty＝かわいい、と丸暗記していると、私たちも聞き間違えてしまいそうなところですね。

　語順を文法的に解析すると、pretty but dumbのようにbut「だが」という等位接続詞でつながっていると、prettyもdumbも同じ品詞（この場合は形容詞）だと判断でき、butがないpretty dumbの場合は、prettyは形容詞dumbにかかる副詞だと判断されるため、形容詞の「かわいい」という意味ではなく、副詞の「かなり」という意味になるとわかります。butというたった1語が挿入されることで、文の構造が変わるわけです。この位置ではどの品詞になるか、その文の構造に合うのはどの

品詞かを判断できる力が、単語の意味を理解するためには必須だということです。

左から右へ、流れのままにイメージする

　日本人は学校で英語を訳読方式で学んできたことが多いために、「英語は文字で書いてくれたら読めるんだけど……」というような「日本人はリーディングは得意」という固定観念があるようです。ですが、実際は「読む」というスキルも、まだまだパズルのピースを"適当に""雰囲気で"組み立てているレベルにとどまっている気がします。

　実際にネイティブが文章を書く時は、当然ですがネイティブの発想のままに文字を綴っているわけです。その「流れ」を常に意識して読むように心がけてください。リーディングの場合は、「あれ？」とわからなくなったら戻って読み直すことができますが、本来は読み直しをしたり、いったん文末まで読んだ後、また最初に戻ったりすることなく、流れのままに読み進めるのが自然な読み方なわけです。読み直し、読み戻りをすることで時間のロスも発生します。テストなどのリーディングで時間が足りない方はとにかく、左から右へ流れのままにスムーズに読む、という訓練を意識してください。

構造が複雑で難しい文章を、ネイティブのように１回読むだけですんなり理解する、というのはかなりレベルが高いことになるでしょう。ですが、ゆくゆくはそうなってくれないと、難しい文章をスピーディーに読めるようにはなりません。まずは簡単な文からでいいので、常に「左から右に」を意識して、頭から順番にイメージしていく訓練をするようにしてください。ドラマのセリフのように短いものであっても、左から右に、つまり音であれば聞こえた順番にイメージしていく訓練を続ければ、だんだん長い文章にも対応できるようになってきます。

　セリフはあらかじめ練られ推敲された演説などの文章とは異なり、本人が考え考えしゃべっている雰囲気やリアルさを出すために、思いついたことを付け足しながらしゃべっている感覚が非常によく出た文章になっていることが多いです。何か言いかけて、別の言葉を選んだり、直前に言った内容が相手に誤解されそうだと思ったら、「いや、つまり、私が言いたいのは……」というニュアンスで、I mean を使って言い換えてみたり、などのテクニックもあります。話し手も思いついたままに話しているのですから、その自然な意識の流れに逆らわず、それに乗っかってみましょう。それが一番無理のない自然な受け止め方なのです。

　左から右へと読み進めていく感覚がすでに身についているのなら、リスニングでもそれが応用できるはずです。リスニング

で、個々の音は聞こえているはずだけど、少し前に聞いたことを忘れてしまっている、という人もいるでしょう。そういう人は、最後まで聞いてから意味をとろうとしている場合が多いような気がします。リーディングで、後戻りせず、左から右にスムーズに読んでいく癖がつけば、リスニングでも聞こえたままにイメージできるようになるはずです。流れに逆らわず自然にリーディングできるようになることが、自然にリスニングできる能力を高めることにもつながるのです。

　この==「左から右に読む」という感覚を養うのに、「DVDの英語字幕を読む」という行為が非常に有効==となってきます。セリフのような「考えながらだらだらしゃべっているような言葉を分析してもしょうがないんじゃないの？」と思われた方がいるとしたら、それは逆です。「思いついたままましゃべる」ということは、そのネイティブが頭に浮かべたイメージがそのまま言葉となって出ているわけで、そこに「ネイティブが言葉を生み出そうとしている時、どういう順番で考えているか」が見えるのです。相手が頭に浮かべたイメージのままにこちらも聞き取る姿勢をとれば、自然と相手のイメージが自分の頭の中にもイメージできる、ということなのです。

　長いセリフがだらだらと続くと、一時停止したDVDの画面上にすべての英語字幕を表示できない場合があります。つま

り、セリフの途中で字幕が切れていて次が読めないわけですが、言葉としてはそれが自然なのです。「文章の最後まで聞いてから、前に戻ったりしてみて、最終的に全体を訳す」では遅すぎるし、言葉を理解する本来のプロセスとは違った形になってしまいます。画面に表示された字幕が文章の途中であっても、そこまでをしっかりイメージした上で「次に来る言葉を待ち受ける」くらいの姿勢が必要です。

英語が聞き取れていない頃は、早口の英語についていくのが精一杯ですが、本来、言葉は「ついていく」「後から追いかけていく」ものではありません。相手が発したままにこちらが受け止めるべきもので、I think that と来たら、その後に「この人の考える内容が続くんだな」と「構えて待ち受ける」スピードで対応できないといけないのです。

「構えて待ち受ける」ためには、基本的な英文の構造というものを理解できていないといけない。「次はこう続くはず」という構造がわかっていないといけない、ということです。

日本語と英語の発想の違いを意識する

日本語で、形容詞節が名詞を修飾する場合、名詞の上に長い形容詞が「乗っかる」形になる、という話はすでに書きました。

また日本語では、「〜ない」という否定語が最後に来るために、最後の最後まで聞いて、「これこれこういうわけ……ではありません」というような、最後の最後にどんでん返しが来る、みたいな感覚もありますよね。

　日本語はそういう言語なので、日本人はどうしてもそういう流れの文章を書いてしまうわけですが、延々と何かのたとえ話をして、「〜などと言うわけではないんですけど」みたいにこられると、英語圏の人なら「〜というわけじゃないんかーいっ！」とツッコミを入れたくなってしまうでしょう。それが本当のことだと思って聞いていたら、最後になって「それはうそだよーん！」と言われたみたいな感じなのですから。

　英語は文を否定する言葉が最後に来ることは通常ありません。ですからそれを逆手に取って、「文の最後に否定語をつけて、文全体を否定する」という日本語の構造をまねたような「ノット・ジョーク（NOT joke）」というのが存在したりもします。I love you... Not!「愛してる……って、ウソだよ〜ん！」みたいな感じのものですね。日本語では「〜ではない」という否定の言葉は元々文の最後に来ることになっていますが、英語では否定語はできるだけ前に置く傾向があります。だから、最後の最後に「〜じゃない」と否定して落とすことがジョークになるわけです。

　英語は否定語をできるだけ前に持ってこようとしますが、そ

こにはその話がポジティブなものなのか、ネガティブなものなのかをできるだけ早く相手に知らせてあげようという配慮が感じられる気がします。「〜というわけじゃないんだけど」という日本語に当たる文章も、英語では、It's not that...の形になります。最初に「that以下（の文章）というわけじゃないんだけどね」ということを早い段階でnotで示しておいてから、その「そういうわけじゃない」の「そういう」内容を文章で示す、という構造になっているわけです。

　英語のIt's not that...のような思考過程に慣れている人が日本語を聞いていて、最後の最後まで聞いて「否定」だったとわかった時の衝撃はいかばかりか、と英語の構造をかじった人間としては同情する気持ちにもなってしまいます。英語を習っていなければ、そんな違いにも気づかないし、そんな言い方が相手を戸惑わせることになるとも思わない。日本にいて日本語を話して生活できていれば何の疑問にも思わなかったことが、世界的なスタンダードでは違うのかも、と気づくことができるわけです。

　また、構造というよりも「発想」の違いの大きさに気づかされることもあります。

　例えば、「忘れないうちに（〜します）」は、before I forget、「知らぬ間に（〜していた）」は、before I knew itとなります。つまり、「忘れないうちに」は「忘れる前に」で、「知

らぬ間に」は「知った前に」になるわけです。

not 〜 until... も、「…まで〜しない」が直訳ですが、日本語に直す場合は「…になってやっと〜した」のように訳されることが多いようです。そのほうが日本語として自然な感じがするからでしょう。

too 〜 to...構文も、「…するには、あまりにも〜すぎる」ですが、日本語では「あまりに〜すぎるので…できない」と訳されることが多いですね。

ここでは特に、日英どちらかの文に否定語が出てくるフレーズを取り上げましたが、日本語に否定語が含まれているからと言って、その英語訳にも否定語が含まれているとは限らないということです。ちょっとした発想の違い、視点の違いで、否定語を使わずに同じニュアンスを説明できたりするわけですね。

また、違いとは反対に、その英語のニュアンスは日本語とまったく同じだなと思うものもあります。

Who knows?「誰が知ってるって言うの？→誰も知らない」、Who cares?「誰がかまうって言うの？→誰もかまわない、知ったことか」のように、修辞疑問文の形で反語のニュアンスを出す、というのは日本語にもある発想ですよね。

「何してんのよ！」「何言ってんのよ！」とキツい調子で言うと、そこには驚きや非難の気持ちが出てきますが、英語でも、

強い調子で言う、What are you doing!?や、What are you talking about?!には同様のニュアンスが出ます。

　語学を学ぶには、このように「共通部分」と「異質部分」を意識しながら学んでいくのが一番効果的だと思うのです。

省略の多い口語から、「省略してはいけない部分」を学ぶ

「読む」というと、説明文や論説文のような硬質なものを読むというイメージがありますが、ここでは「生きた英語であるセリフを文字として読む」ことも含んでいます。ラフな感じではあっても、それも間違いなく「正当な英語」であって、当然、読むことで理解できるはずのものだからです。

　テストなどのかっちりした英文に慣れている人は、セリフの英語を文字で見ると、「省略されまくっている」事実に衝撃を受けるかもしれません。例えば、

　Do you like…?の冒頭のDoがなくて、You like…?のように、平叙文の語尾を上げて質問調にしているもの。

　How you doing?のように、本来は存在すべき、How are you doing?のare（be動詞）が消えているもの。

Love your dress! みたいに、主語のIが消えているもの。

　それは、ブロークンと言うこともできますが、どちらかと言うと「**なくても問題ない、なくても意味が通じるから言ってない**」というのが近いです。

　これは疑問文ですよ、ということを示すための文頭に倒置で置かれるDoや、これは現在進行形ですよ、ということを示すための、be動詞＋-ing形のbe動詞は、それぞれ「疑問文」や「現在進行形」という文のつくりを示しているにすぎません（こういう言葉は「機能語」と呼ばれるのですが、それについては後述します）。そういうDoやareに「相手に伝えるべき重要な意味」が含まれているわけではないので、流れとしてわかることであればわざわざ言う必要もなく、口語会話では省略され得るということです。

　Love your dress! は、I love your dress! の主語のIが省略されたもので、「あなたのドレス、素敵ね！」みたいな意味です。

　Love your dress! という文字を見て、四角四面に文法を適用すると、「冒頭が動詞の原形で始まっているから命令文」だと判断することになるかもしれません。実際、機械翻訳だとそのように訳してしまうでしょう。ですが、話の流れとして、誰かが素敵なドレスを着て登場した時に、その相手に向かって「あなたのドレスを愛しなさい」という命令文は意味的にどう考え

てもおかしいですよね。loveしているのが話者の私であることは明白なので、Iを実際に発音したところで、軽くしか発音しません。だから、聞こえないくらいかすかに、もしくはまったくIを発音せずに、いきなり動詞からセリフが始まっているわけです。

　ここで、意味的にわかりきっているIという主語を逆に強く発音してしまったとしたら、誰かさんはdoesn't love your dressかもしれないけど、「私は」好きよ！　と強調しているように聞こえてしまいます。Iを強く発音し過ぎることで、また別のニュアンスが生じてしまうわけですね。

　日本人なら誰でも知っている英語、Thank you.も実はそういうことです。Thankという動詞で始まっていても、これは命令形ではありませんね。I thank you.のIが省略されているわけです。当たり前みたいに使っていて何も疑問を感じなかったかもしれませんが、改めて見てみると、「そう言えばそうだった！」と気づくわけです。

　学校英語で習ってきた英文とは違う、びっくりするほど「省略されまくり」のセリフで英語を学ぶことで、「どこははずせないか、どこはラフに発音してもいいか」がわかるのです。そして、「省略できない、はずせない部分を強調して話す」ようにすれば、相手に通じる、ということにつながるのです。

How are you doing?は「調子はどう？」みたいな軽い挨拶ですが、「フレンズ」のプレイボーイのジョーイは、これに男の色気を込めながら（笑）、How you doin'?みたいに発音します。これが彼の口説き文句（pickup line）として有名にもなっています。

「フレンズ」ファンにはおなじみのフレーズであるため、私はことあるごとに、How you doin'?を例に挙げたがるのですが（笑）、このフレーズは「口語の特徴である省略」を説明する絶好の例題なのです。

　How you doin'?の本来の形は、How are you doing?です。doingがdoin'になっている以外の大きな違いは、be動詞areのあるなしですね。

　現在進行形のbe動詞は元々強く発音されないので、なくても全然問題ないわけです。受験英語ではそういう文章はきっと「バツ」になるでしょうから、試験ではareは書く必要があるでしょうが、実際の英会話においてはそんなのはバツでもなんでもない。逆に、How are you doing?という４つの単語を「ハウ・アー・ユー・ドゥーイング」のように全部同じように平坦に発音するほうが、英語的にはよほど「バツ」です。バツというか、ネイティブに通じにくい英語になってしまうわけです。

> **まとめ** 「読む」技能を伸ばすために、DVD学習法で意識すること

- 英語字幕を「左から右に」読む。英語の流れとは違う、不自然な「返り読み」の癖をなくす。
- 長いセリフの字幕が途中で切れている場合は、切れているところまででいったん意味を理解する。ピリオドまで待たないと訳せない、という癖をなくす。次の画面に出てくる字幕を待ち構えるくらいの気持ちで。
- 「出てきた単語の要素をすべて盛り込む形で直訳」してみる。「なんとなく意味がわかる」からの脱却を目指す。
- 「英文の構造を意識しながら、意味をとる」ことを繰り返すことで、自然な英文の構造に慣れる。

聞く（Listening）

内容語と機能語の強弱とリズムを意識する

　英語では、音そのものよりも強弱とリズムのほうが大事です。リズムと強弱が「英語らしさ」を決めるからです。リスニングの場合は、それらが聞き取りの重要なポイントを教えてくれますし、スピーキングの場合は、ネイティブに聞き取ってもらいやすい英語を話すことにもつながります。

『英語舌のつくり方　じつはネイティブはこう発音していた！』（野中泉著、研究社）には、個々の音の発音だけではなく、発音における強弱やリズムに関しても詳しい説明が載っています。

　この本では、強形と弱形に関連して、「**内容語**」（内容を伝える単語）と「**機能語**」（文法的に正しい文を作る上で必要な単語）についての説明があり、「内容語」を強調し、「機能語」を弱く発音することで、英語の音が成り立っていることをわかり

やすく解説しています。この区分けはリスニング、スピーキング両面で非常に重要な概念で、学校で英語を習い始めた時、細かい文法事項よりも先に、この「内容語」と「機能語」についてまず説明してくれればよかったのに……と今さらながら思うほどです。

　==聞き取りの場合は強く発音された「内容語」を聞き取るように努め、自分が話す際も「内容語」を強調して話すことで相手の聞き取りを容易にする==、という効果が見込まれるわけですね。「省略の多い口語」のところでも触れましたが、==言わなくても問題ないような「機能語」は小さく軽く発音する、もしくは省略してしまう==ことで、内容語がより強調され、相手に意図が伝わりやすくなるわけです。

　リスニングをする際、日本人はどうしても「聞こえてきた音をもれなく聞き取らなければ……」というプレッシャーですべての音を拾おうとする傾向にありますが、軽く発音された部分は軽く聞いておけばよいのです。弱く、そして素早く発音される「機能語」が多少わからなくても、==「内容語」が英語の語順でポンポンと頭に入ってきて、その語順のままでイメージできれば意味が取れるようになる==ものです。

　ここでは「内容語」と「機能語」の強弱について説明しましたが、文の中の強弱だけではなく、1つの単語の中でも強弱が

ありますね。辞書でアクセント記号が付いている部分は強く発音することになっています。1つひとつの単語内に強弱があり、その単語がつながった文の中でも強弱がある、というのが英語の音の特徴だと言えるでしょう。音を聞く場合も、音を出して話す場合も、その強弱を意識することが大切だということです。

「音を拾えたかどうか」よりも「内容を理解できたかどうか」が大切

　リスニングの訓練の1つに、「聞こえた音を文字にする」ディクテーションがありますね。「英語学習の一環として、ディクテーションをしましたか？」とよくご質問を受けるのですが、私は「英語学習のメニュー」としてディクテーションをしたことはありません。DVDで英語字幕と音声が異なっている場合などに、「実際には何と言っているのか？」を知るためにそのセリフをリピートして確認する、ということはありますが、リスニングの訓練の一環としてディクテーションをすることはありません。

　ディクテーションというのは「拾った音を文字化する」ことですが、私はこの方法は「木を見て森を見ず」になってしまう恐れがあると思うので、個人的にはあまりおすすめしていません。ある程度のリスニング力のある方が、リスニングの精度を

上げる訓練としては効果的かと思うのですが、初心者で「英語の音を聞いてもほとんどわからない」という方の場合には、時間をかけただけの効果は得られないだろうと思っています。

「木を見て森を見ず」にたとえたのは、「個々の単語を聞き取ることに意識が集中して、全体の内容を理解しようとする気持ちがおろそかになる」という意味です。そもそも、==リスニングの本来の目的は、個々の単語を聞き取ることではなく、話されている内容を理解すること==だからです。

　TOEICのような試験でも、リスニングで問われているのは、ナレーションで話されている「内容」が理解できたかどうかです。話の内容から、トピックは何か、場所はどこか、話しているのはどういう職種の人間か、ということがわかるかどうかを問うているのです。

　たまにPart 2の問題で、copyとcoffeeの聞き間違いを誘うようなひっかけ問題もありますが、そういうのはまれで、ナレーション全体を聞いて何の話かがわかれば正しい答えが選べるものがほとんどでしょう。そして、「内容」を理解するためには、先に述べた機能語と内容語のうち、「内容語」が聞き取れたかどうかが問題になってくるわけですね。

　極端な話、文章をディクテーションさせて、ところどころ空欄にしてある部分を穴埋めさせるような問題は、私は「木を見

て森を見ず」を助長するだけだと思っています。繰り返しになりますが、「英語の音を捉える精度を上げる」訓練としては否定しません。ですが、リスニングというのは何が話されているのか、全体の内容を理解することであるという、根本的な目的から少し離れてしまうように思うのです。

　ドラマを視聴することは、セリフの流れから話の筋を追うことなので、DVD学習法の場合、特に自分で意識することもなく「内容を理解するためにリスニング」していることになります。「機能語」として軽く発音された前置詞がinであろうがonであろうが、それは話全体の中ではささいな違いにすぎません。外国人の方が日本語を話す時に「は」「が」「を」「に」などの助詞を間違えてもだいたいの意味はわかるのと同じで、軽く発音されている機能語の部分が聞き取れなくても、特に支障はないのです。
「音を聞く」「個々の単語を拾う」ことを強く意識してディクテーションなどのリスニングをしていると、「全体を聞く」「内容を聞く」という意識が希薄になってきます。ですから、個々の音や単語が聞き取れたかを確認するディクテーションという「作業」、それもかなり時間がかかる作業をするよりも、DVD学習法で第1段階の「テスト」をし、第2段階で「答え合わせ」をして内容を理解できたかどうか、どの部分がわからなかったのかを「ざくっと」捉えた上で、最終段階で英語字幕を

「きっちり」確認することに時間を費やしたほうが、得るものは大きいと思うのです。

リスニング力は、「聞いた音から文章を復元できる力」

ネイティブは小さい頃から英語の音に慣れているために、音の聞き取りについては明らかにノンネイティブより優れています。ですが、そういうネイティブでも当然、聞き間違いはありますよね。

インターネット上に存在するネットスクリプト（ファンがセリフをディクテーションして書き起こしたもの）を見ていると、ちょくちょく誤りを発見するのですが、それはタイポ（タイプミス、打ち間違い）ばかりではなく、「音の聞き間違い」に起因するものも多いです。ただ、ネイティブの間違いとして特徴的だなぁと思うのは、聞き間違ったために違う単語を書いているけれども、それでも文章としては意味が通るものになっているということです。つまり、聞こえた音から文脈に合うように単語を想像して、それを文字化している、ということですね。

これは英語ネイティブに限ったことではなく、日本人も同様のことを無意識のうちにやっています。日本語は同音異義語が

多いですが、それを音だけで判別できるのは、文脈からどの言葉かが想像されるからですね。パソコンで文節ごとにひらがなを漢字に変換する感覚で、文章の流れを理解しながら、同じ音の単語から適切な漢字の言葉をその都度選びながら聞いている、だから理解できる、ということなのだと思います。

英語も音が同じ単語もありますし、似た音に聞こえる単語もたくさんあります。それを文字化できているということは、音そのものを文字化しているのではなくて、「話されている文脈から判断して、聞こえた音から元の単語や文章を瞬時に復元している」ということだと思うのです。その単語はこれだ、と決める要素は「音」プラス「文脈」なのですね。

さらには、文脈から判断される適切な単語を選ぶだけではなく、音から文章を復元するには、意味が成り立ち、文章として成立するものを瞬時に構築できることも重要です。母語として長い間浴びてきた言葉だからこそ、音と言葉の結びつきがデータベースとして構築されているため、「慣れと知識」プラス「文章構成力」がリスニングの精度を上げてくれるのです。たとえ不明瞭で聞こえにくい部分があっても、それらが補完してくれるわけですね。

ですから、リスニング能力を磨く場合には、「音を判別する力」だけを磨けばいいわけではないのです。耳の聞き取り能力の問題だけではなく、音を聞いて文として理解するには「構造

把握力」が必要になってきます。文法を学び、リーディングで構造を学べば、リスニング能力も上がってくる、ということになるのです。逆に言うと、いくら音だけを聞けるようになっても、文章として構成する力がなければ、その音を文章化できない、ということです。

> **まとめ**　「聞く」技能を伸ばすために、
> DVD学習法で意識すること

- すべての音を拾おうとせず、内容語を重点的に聞き取り、意味を取る。
- 個々の単語を聞き取るのが目的ではなく、話されていた「内容」が理解できるかどうかが大切。
- 内容を理解できるかどうかは、音の聞き取り能力よりもむしろ、「音から文章を復元できる力」＝「英文の構造把握力」がモノを言う。

書く（Writing）

単語を置き換えただけでは「英語」にならない

　英語を書くために、まずは日本語をイメージして、それを辞書を引き引き英語に変えていく、という作業をする方が多いように思いますが、そういう「置き換え」だけではネイティブに通じる英語は作り出せない、というのが現実です。日本語の文章の単語を1つずつ英単語に置き換えていく英作文では、自ずと限界がある、ということですね。

　簡単な例を挙げてみましょう。
　今、自分のいる場所がわからない場合、日本人なら「ここはどこ？」と言いますね。
「郵便局はどこですか？」（Where is the post office?）と同じノリで考えて、日本人なら、Where is here?と言いたくなってしまうところですが、実際は、Where are we?「私たちはどこにいるの？」という英文が自然なものとなります。英語ネイテ

ィブにしてみれば、Where is here?と尋ねられても、hereはhereじゃん……と戸惑ってしまうはずです。

　実際に作り上げた英文の意味を「英語的視点」で見てみると、そこに何かしらの違和感を覚えることはできるかもしれません。今回の、Where is here?という英文も、英語として見ると、ちょっとした違和感のある文であることは間違いないですが、日頃から「単語の置き換え」ばかりを考える癖がついていると、そういう違和感を持つことすらないのです。
　メニューを注文する時のセリフである「私はオレンジジュース」を、「アイ・アム・オレンジジュース」と言えば、それがトンデモ英語であることはたいていの人が理解し、そこで笑いが起こることでしょう。ですが、Where is here?みたいな間違いは気づかずにスルーする人が多い気がするのです。置き換え英語はそういうもののオンパレードかもしれない、ということに常に注意しなければなりません。
　単語の置き換えでは英語らしい文章には到底ならない、ということを「ここはどこ？」というような簡単な例からだけでも学んでいただけたらと思います。

英語もどきで自己満足してしまう危険性

　昔、ディスカウントショップで売っていた商品をふと見た時、そこに付属していた取扱説明書の文章（日本語）がさっぱり意味不明だった、ということがありました。外国製の製品で、日本で売られることを想定して、説明書はもちろん「ひらがな、カタカナ、漢字」で書いてあったのですが、それを読んでみても、驚くほど意味がわからない文章だったのです。

　おそらく、その生産国の同類の商品の説明書を誰かが無理やり日本語に訳したのでしょうが、それはもはや日本語ではありませんでした。それならいっそ、そんな怪しげな説明書などないほうが、うさんくさくなくて売れるんじゃないかとすら思いました。

　そういう文章を目にした時に、日本人にとっては意味不明であっても、現地の人で少し日本語を知っている人なら、その意味が理解できちゃったりするんだろうなぁ、とも思いました。だからこそ、チェックをスルーして日本に輸入されてきたんだろうと。

　何が言いたいのかというと、日本人同士でなんとなく意味が通じてしまっているような和製英語の混じったブロークンな英語は、ネイティブにとってはチンプンカンプンな英語もどきで

ある可能性が高い、ということです。

　日本語という母語を共有している日本人同士であったなら、「英語もどきの怪しげな和製英語」でもなんとなく通じてしまったりしますよね。ですが、英語らしき言葉、英語みたいな言葉、英語っぽい言葉を話すことが目的なのではなくて、==日本語では話が通じない世界の人と話をしたい、ということが、英語を学ぶ本来の目的==であるはずです。「日本人同士ならなんとなく汲み取ってくれる」というような期待感は捨てて、別の国の言葉を学んでいるのだということをしっかり意識しながら学ばなければなりません。日本語の感覚を英語の中にゴリ押しするような感性で学んでいても、到底、外国人に理解してもらえるような英語を使いこなせるようにはならない、私はそう思います。

「英借文」で、使える表現は「ありがたく頂戴します！」

　英語として使える表現かどうかは、実際にその英語が使われているかどうかでわかります。そんなこと当たり前だと思われるでしょうが、参考書のような文字の世界だけで学んでいると、「実際にそれが使われているかどうか」を確認することは難しいように思います。ですから、実際に使われている表現が詰まっているドラマや映画を見て学んでほしいと思うのです。

ドラマで使える表現、しゃれた表現が出てきたら、「それ、そっくりいただきぃ！」と思って心に留めておいて、ここぞという時にそれを使うように心がけてください。生きた英語の中で出てきた言葉であったなら、それは英語として通用するということですから、そういうものを自分の言葉に積極的に取り込んでいって、自分の英語を「通じる英語」で満たしてください。

　「英作文(えいさくぶん)は英借文(えいしゃくぶん)である」と広く言われていますが、まさにその通りだと思います。実際に使われている英語をアレンジして使うことで、自然な英語が書けるようになるのです。

　英語で書くという行為を始めて「書くことを意識する」ようになると、インプットの時の視点が変わります。これは非常に大切なことです。

　インプットをたくさん行っていると、こういう時にはこう言えばいいのか、という表現に何度も出会うことができます。そういう表現に出会った時は、「これ、使えそう！」と思って、私はメモするようにしています。それが、レイチ・メソッドの第３段階のところで説明した「パソコン上のメモ」なのですが、そうやってデータベース化しておくと、後から検索しやすいのです。

　私がエッセイや日記やツイートで書いた英文には、海外ドラ

マから仕入れたフレーズが満載です。そういうのをマーカーで塗っていくと、マーカーだらけになりそうなほどですが、そういう「ドラマから仕入れたフレーズ」であるからこそ、確実にネイティブに通じるはず、という確信が持てるわけですね。どこかで聞いたフレーズであれば安心して使える、逆に言うと、私は自分で聞いたことのないようなフレーズだと怖くて使うことができません。ネイティブに理解してもらえない、自分だけの暗号になってしまうかもしれないという恐怖感のようなものが、私には人一倍あります。つたなくてもいいし、下手でも気にしない、でも「相手に通じない英語を書くのはいやだ」という思いが強くあるのです。**通じてこその言葉**だと思うからです。

　私の書いた英文を、ネイティブの方々に「ナチュラルだ」と褒めていただくこともよくあるのですが、それは「英借文」をして、「英語的にあり得る文」を書いているからです。日本語の発想で組み立てているのではなく、聞いたことのある英文をアレンジして使っているので、「ナチュラルだ」と褒めていただけるのは（非常に傲慢に聞こえますが）ある意味、当然なわけです。ナチュラルな英文を書きたいと思えば、「英借文」をするのが一番なのです。

　ライティングに関しては、英語ネイティブかネイティブ並みの人に逐一添削してもらわないと書けるようにはならない、と

いう先入観が私にはずっとありました。ところが、自分が大量のインプットを行い、それをできるだけ自分の言葉に盛り込む形で書くようにしたら、ネイティブにも通じる英語が書けるんだということに、ある時私は気づいたのです。

大学受験でも英作文はありました。でもそれは、習った文法知識を使って、英単語を無理やり押し込むというようなゴリ押し的な作り方でしかありませんでした。そうではなくて、見たこと聞いたことのあるフレーズをつなげていくことで自然な英文を作る術を、DVD学習法で生きた英語を大量に浴びているうちにいつの間にか身につけていた、ということなのです。

> **まとめ**　「書く」技能を伸ばすために、
> DVD学習法で意識すること

- 「自然な英語」を書くためのデータベースとして、DVDのセリフから、「自分がいつか使ってみたい」と思える表現をこまめに拾っておく。
- データベース化の際、後で自分が探しやすいように、検索のためのヒントをメモしておく。
- 英語を書く際、「頭に浮かんだフレーズを書く」だけでは、自分の表現はなかなか増えてこないし、表現も同じものばかりになってしまう。せっかく作ったデータベースを積極的に活用し、「実際に使って

みて、アレンジしてみて、自分の言葉にする」という経験を積むことで、自分の語彙や表現が豊かになってくる。

話す (Speaking)

> 英会話をたくさん浴びることで、
> 「英語ってこういうもの」という感覚がわかる

　近年、漫画やアニメなどの日本のポップカルチャーが人気で、そういうものから興味を持って日本語を学び始めた、という話をよく耳にします。想像してみればわかりますが、漫画やアニメのセリフは、概して「丁寧ではなくラフな会話」ですよね。日本文化が好きな外国人の方はそういうものを使って日本語を学んでいるわけですが、だからと言ってその人の日本語が乱れているわけでもラフなわけでもない。NARUTOが好きだからと言って、語尾がやたらと「〜だってばよ！」になるわけでもないでしょう。

　日本に行ったことがないのに日本語が流暢に話せてしまうそのコツは、「生きた日本語」を大量に浴びているから、他の人と同じように「日本語のテキストを使って日本語を学ぶ」際に、理解が早く深い、これに尽きると思うのです。

日本語がどういうものかの実態を知らずに、教科書やテキストで例文や文法を学んでも、それは「知識」として頭に入れるのが精一杯なんだろうと思います。ですが、漫画やアニメで日本語に慣れ親しんでいる人は、教科書などの例文や説明を読んで、「なるほど、そういうことかぁ！」とすぐに呑み込める気がするのです。==それが使われた実例をこれまでたくさん浴びてきたから、そういう文法説明もすんなり理解できる==のだと思うのです。

　いろんな日本語を知っているからこそ、日本語の「丁寧な言い方」や「敬語」なども、説明してもらいさえすればすぐに納得し、理解できる。そこが常日頃からサブカル分野の日本語に何らかの形で接している人間の強みなのです。

　私が英語学習で強く主張したいのもそこなのです。言葉を丸暗記するだけなら、それこそCDの聞き流しでいいのです。そうではなくて、英語を「使える」レベルにまで高めるためには、「英語とはこういうものだ」ということを肌で知らなければなりません。生きた英語を常日頃から浴びていると、便利なフレーズや文法を知識として学んだ時に理解が早い、ということなのですね。

　漫画やアニメが好きな海外の日本語学習者の日本語がけっしてラフではなく、ある意味、日本人の乱れた日本語よりも美しかったりするのは、「日本語のノリ」がわかった上で、きちん

とした日本語を学んでいるからです。それと同じで、日本人が英語を学ぶ場合も、「英語ってこういうものよね」という「英語のノリ、スピリット、感覚」を学んだ上で英語本に取り組むと、その吸収具合が全然違うと思うのです。知識としては同じことを学んでいるはずなのに、理解度が全然違うのは、日頃浴びている生きた英語の量の違いだと言えるのです。

　私は「フレンズ」以外の海外ドラマや洋画も英語学習教材として使ってきましたが、ブログを書いていることもあって、私の英語学習において「フレンズ」の占める割合は非常に大きいだろうと思います。基本的に私のポリシーは、「あれやこれやといろんなジャンルに手を出さなくても、１つの作品を見続けることで英語力は身につく」というものなのです。

　小説「銀の匙」を中学３年間かけて読み込む、という授業で「伝説の教師」と呼ばれた灘中学校の橋本武先生のことをご存じの方も多いと思いますが、これも、「１つの作品を徹底的に読み込む」ことで、「国語」が深く学べることの証明になっていると思います。対象範囲を手広く広げるだけが能じゃない、題材をこれ！　と決めたら、それを徹底的に読み込み、そこから学習を広げていくことで、非常に多くの事柄が深く学べるのです。大切なのは、学習の広げ方、発展のさせ方なのでしょう。何かを読み込むことで疑問が生じる、その疑問を解消する

ために調べ、学ぶ……そういうことの繰り返しが国語力、言語力を高めてくれるのだと思います。たった１つの作品であっても、その中には国語、つまり日本語のあらゆる要素が組み込まれているので、日本語を十分に広く深く学ぶことができる、ということを「銀の匙」の橋本先生は教えてくださっているのだと思います。

　橋本先生が名作「銀の匙」を教材として使われたように、国語は「文学作品」を題材にして学ぶのが基本ですよね。「何かを学ばせるために作られた教材」ではなく、「作家が作り上げた本物の作品」を鑑賞しながら、そこに出てくる言葉を紐解いていく方法が、言語を学ぶスタンダードな方法だということです。
　それを考えると、アメリカやイギリスの「国語」である英語を学ぶ場合にも、「本物の作品」を使って学ぶのが自然ということになりますね。ですから私は、ノンネイティブが英語を学ぶ場合にも、「英語学習のために作られた教材」ではなく、「英語が使われている完成された作品」を教材として採用するほうが、「言語」を学ぶ方法としても正しいと思っています。「純粋な作品」であれば、それを作ったのは作家という言葉のプロです。言葉というものは、そういう「本物」を読み解くことで身につけるものだと思うのです。
　対話型ロボットの会話能力を上げるために、映画のセリフの

データベースを大量にインプットする、という話を聞いたことがありますが、それは方向性として非常に正しいと感じます。私も「英会話とはこういうものだ」ということを伝えたいと思った時、私自身が「英会話の例文」をあれこれ書いたりするよりも、海外ドラマの生きたセリフを「本物の英会話の教科書」として提示した方が、安全で確実で効果的だと思っています。私が頑張って例文を書いたところで、会話の自然な流れにおいても、言葉の選び方についても、「全米視聴率ナンバーワン」の脚本にかなうはずもないのですから。

DVDを使った「セリフ先行法」

「セリフ先行法」という、イマイチなタイトルですが（他に思いつかなかったもので…笑）、これは少々大げさに言うと、一般に市販されているDVDを英語スピーキングのトレーニング教材のように使う感覚、と言えるでしょうか。

レイチ・メソッドの「はしょる」「最速」では、どちらも「日本語音声・日本語字幕」でセリフの内容やニュアンス、話の流れをしっかり理解した後に、最終段階の「英語音声・英語字幕」で確認する流れになります。先に日本語でインプットしておいたセリフを、英語で確認することになるこの段階で、「こんな英語のセリフを言うはずだ」というのを予想して、少

し先に声に出して言ってみる、本当のセリフが聞こえる前に自分が先行して言う、これが「セリフ先行法」です。

　ほとんど同時になってしまうかもしれませんが、本当のセリフがどうであったかは英語字幕でしっかり確認できますので、自分が予想して口に出したセリフと実際のセリフとの違いをそこで認識することもできますよね。

　短いセリフだと、けっこう「ドンピシャ」なこともあったりします。また、似たニュアンスの違うセリフだったり、微妙に使われている単語が違っていたりすると、「あぁ、こっちの方だったかぁ」とも思えます。もちろん、全然違っている場合もありますし、「こんなことを言うはずだった」とわかっていても、言葉がとっさに出てこなかった、ということもあるでしょう。または、自分は長いセリフを想像していたけれど、実際は２語くらいに省略された簡単な文章（He did.のような）だった、ということであれば、「あぁ、これだけで足りちゃうのね、十分なのね」ということに気づくこともできます。

　本物のセリフが登場する前に、一瞬でいいから自分なりにセリフを想像してみる、そしてそれを本物と比較してみることで、「ほー、そう言うのか、なるほどねー」と感心し、その違いから「気づき」が生まれるのです。本来、「英語音声・英語字幕」という最終段階は、英語のセリフを確認する段階なのですが、先に自分で「自分ならこう言う」と「テスト」してから

答え合わせをし、答えを修正するという行為も盛り込むわけです。

　ちなみにこの訓練は、ものすごく長いセリフを先立って言うのはどうしても難しくなりますので、まずは相槌などの簡単で短いセリフからになるでしょう。ですが、そういう簡単な相槌であっても、相手のセリフに呼応する形で瞬時に即座に反応する、という瞬発力を養うことは、英会話の練習にとって不可欠なことなのです。会話の流れをせき止めてしまわないような、絶妙のタイミングで問い返す、切り返す、そういう「間合い」を学ぶのに絶好の訓練だと言えると思います。
　この「セリフ先行法」は、直前に日本語で鑑賞し、日本語のセリフを吹替、字幕の両方でインプットしているからこそできることです。話の流れをしっかり理解した上で鑑賞しているわけですから、一字一句のセリフは思い出せなくても、ストーリーの流れを追っているとだいたい次はこんな展開になり、こういう感じのセリフを言う、ということがある程度予想できると思うのです。

　この訓練、一見「日本語のセリフを英語のセリフに瞬時に変える訓練」のように見えるかもしれませんが、実はちょっと違います。日本語のイメージは頭にはあるけれど、日本語そのものが目の前に提示されて、それを英語に変換しているわけでは

ありません。頭にあるのはあくまで話の流れで、次にこういうことを言うだろうという感じ、「イメージ」を頭に描いているにすぎないのです。

　はっきりとした日本語を提示した上で、それを英語に変換するのであれば、それは「言うべきことを日本語で考えてから英語にする」という余計な段階を踏んでいるのと同じで、そこにはタイムラグが生まれます。ここで説明している訓練は、話の流れを把握している状態で、「この状況で、こういう気持ちで、何かセリフを言うとしたら、どんな言葉になるか？」を考えながら話す訓練なのです。自分がその作品の登場人物に成り代わったつもりで、それぞれの場面にふさわしいセリフが自然と口から出てくるか？　を鍛える訓練と言えるのです。

　実際の英会話に置き換えるなら、自分がその会話に参加する登場人物の一人としてセリフを言うのと同じことになります。常に会話の流れを意識して、その流れに身を任せ、自然に会話に加わる感覚を身につけるために、「自分ならこう言う」という訓練を、少し先か、せめて同時に口から言葉が出るようにやってみる、ということなのですね。それは、日本語を聞いてその意味の英語を思い出すという「日本語から英語への変換」ではなく、英語の話の流れの中で口から言葉を出すという訓練です。ロールプレイングゲームに参加して、的確なところで的確な言葉が出てくるかの訓練を、ドラマや映画を使ってやってみ

よう、ということです。日本語のセリフから英語のセリフを連想するのではなく、あくまで「ニュアンスと流れ」から予想するのです。

　CDの例文やDVDのセリフが音として流れたすぐ後に、同じようにまねて言ってみる「シャドーイング」という訓練がありますが、あれは、直後に音を繰り返すことで、音やイントネーションをコピーする訓練ですよね。
　今回の「セリフ先行法」は、音を聞く前に先に言ってしまい、自分の答えと正解との違いを後に続く本物の音で確認する、ということになりますので、シャドーイングとは似て非なる行為となります。

　私は日本語のドラマを見ている時でも、無意識に次のセリフを頭の中で予想していたりすることがあります。それがほとんど同じであれば、「あたし、脚本家になれる？」みたいに思ってしまうこともありますが（笑）、言葉というのはある程度「流れ」にまかせて進んでいくのであって、ある程度の決まった流れの中であれば、細かい語尾などはともかくだいたいは予想できるものなのです。流れを無視した唐突なセリフが口から出てしまうと、逆に相手は面食らってしまうでしょう。
　誰かにわざと空白部分を設けたクイズ形式のソフトを作ってもらわなくても、「セリフ先行法」ならドラマや映画のどんな

素材でもできるわけですよね。これは英語学習に限ったことではないですが、誰かに問題と答えを用意してもらった「問題集」や「テスト」でなければ何かを学べないというのは、受験が終わった時点で卒業しておくべきでしょう。大人になって、ビジネスパーソンになって、何かを覚えないといけない時に、そのすべてがテスト形式にはなっていません。英語に限らず、「生の素材」「現場」から学べる能力はいつの時代でも必要で、「セリフ先行法」もそうした１つの方法だということです。

わからない部分をピンポイントで疑問詞に置き換える

　英会話をする時に、どうしても心配になってしまうのが、「相手の言っていることがわからない場合にどう対処したらいいんだろう？　会話が続かなくて、パニクってしまう、あるいは絶句してしまうんじゃないか」ということ。

　こちらが絶句し、沈黙してしまっては、気まずい空気が流れてしまい、どうしても会話を楽しむというレベルには達しません。そういう場合は、こちらが聞き取れなかったことを明白にする必要があります。会話が楽しくないとか、怒っているとか不機嫌とかではなくて、単に意味が少しわからないから言葉に詰まっている、ということを相手に示す必要があるということです。

相手の言っていることがわからなかった場合、意味がわからなかったもの、聞き取れなかったものは、1つの単語、あるいはひとかたまりのフレーズであることも多いでしょう。そういう場合は、わからなかった部分をピンポイントで指定すると、相手にもわかってもらいやすいはずです。

　そういう場合に私が使うのは、「わからなかった部分を疑問詞に置き換える」という方法。例えば、相手がAre you going to ***?「君は〜するつもりなの？」と尋ねてきた場合に、going toの後に続く動詞やフレーズが聞き取れなかったら、その部分に疑問詞を置いて、相手の内容を繰り返す、つまり、Am I going to what?「私が、何するつもり、って？」のように返せば、そのwhatで置き換えられた部分のみがわからなかったということが相手に伝わります。

　相手はそれを考慮に入れた上で、その部分をはっきり話すとか、スペリングで表現するとか、別の言葉で言い換えるとかして、なんとか説明しようとしてくれるでしょう。沈黙されて会話が途切れてしまうと、相手も困ってしまうわけですから、それよりもわからない部分をピンポイントで問い返すほうがずっと相手のためにもなる、ということです。

　発音が紛らわしい単語の場合にも、聞き取れたフリをするよりは、相手の言ったことを繰り返して、「自分はこの単語だと聞き取ったが、それで合っていますか？」ということを示した

ほうが、勘違いしていた場合に相手も訂正しやすいでしょう。

　一方的なスピーチとは違い、会話とは双方が歩み寄って作り上げるものです。ですから、わからない部分はその場で「その部分がよくわからない」と示せたほうが、軌道修正もしやすいと思います。わからないままどんどん話が進んでしまって収拾がつかなくなる前に、わからないことはわからないと言えたほうがいい、そのためにも聞き返すためのテクニックを身につけておくべきだということです。Excuse me?やI beg your pardon?でも、相手の言ったことを聞き返すフレーズにはなりますが、それだと「相手の言っていることがとにかくわからない」ことを示すだけになります。それよりも、わからなかった部分をピンポイントで聞き返すほうが、相手も対処しやすい、ということです。

　わからないことを聞き返すのは、会話として自然なことです。ネイティブでも、知らない言葉、よく意味のわからない言葉が出てきた時は、瞬時に聞き返します。"Wow, you still have the...!"「まぁ、あなた、まだ〜を持ってるのね！」のthe以下が知らない言葉であった場合、"The what?"「ザ・何だって？」のように聞き返したりします。また、"They will take him to..."「彼らは彼を〜に連れて行くつもりだ」のto以下が聞き取れなかった場合は、"Take him where?"のように、to以

下の部分をwhereという疑問詞に置き換えることで、「場所」を示す言葉が聞き取れなかったことを明確に示すことになります。whatやwhereのような5W1Hの疑問詞は文頭に置いて疑問文を作るのが文法上の決まりですが、とっさに聞き返す場合には疑問文の語順などを考慮している暇はありません。自分のわからなかった部分を「？」で置き換える感覚で、相手の言葉を復唱してみたらいい、ということです。言葉がわからなければwhatを、場所ならwhere、時間ならwhenというように、わからない内容を表す疑問詞を「？」の部分に当てはめればいいのです。

　英会話を聞いていると、文章の形ではない、"Why?"「なぜ？」、"How?"「どうやって？」などもよく出てきます。こちらの答えを完全な文章にすることに神経を注ぐよりも、自分が知りたいのは、理由なのか、方法なのか、を明確にしたほうが、内容のある会話が進められます。文法にばかり気をとられると、カタチにこだわりすぎてしまいます。ですが、会話において大切なのは、自分の意図を伝えることなので、わからない場合にわからない部分を明確に相手に伝えられる方法を身につけることが大切だということですね。

短い会話でも、それを真似することで会話の瞬発力が養われる

　レイチ・メソッドでは、特にスピーキングのための練習は盛り込まれていません。「まずはインプットを増やす、それをアウトプットに変換する」ことで、アウトプット力をつけるのが自然だと考えるからですが、ドラマの会話を録音し、それをお手本にして自分のスピーキングの練習に使うことは、非常に効果的だと思っています。

　1つのエピソードを終えたから、それを最初から最後まで繰り返して何度も聞く、などはしなくてもよいのです。そんなふうに自分で決めてしまうと、それがノルマになってしまいますし、それでかなりの時間を費やしてしまうことにもなります。
　全部ではなくて、「あるエピソードの、あるシーン」だけでいいのです。自分が気に入った、ある程度の長さのシーンの2人以上の会話を繰り返し聞くことで、英会話のリズム、英会話がどんなふうに進んでいくか、は十分に体感できます。
　あるシーンを繰り返し聞くことで、英会話というものは、「完成された文章をお互いが勝手に話している」のではないことがよくわかると思います。話の流れからわかりきったことは省略して言う、その発言に対して相手も答える、という流れになるため、A: He is. ／B: He is?のように、相手の言ったこと

をそのまま返すような「オウム返し」的な言葉がよく使われることにも気づけます。このHe is.も、本来のHe is ○○.の○○が「お互いにわかっていること」として省略されている形になっているわけですが、「こんなに省略できちゃうんだ！」ということも含めて、生きた会話を体験できるということです。

「子どもの話をちゃんと聞いてあげているサインとして、子どもが言った言葉を繰り返すのがよい」という子育てアドバイスみたいなものを聞いたことがあるのですが、子どもに限らず、相手の話をきちんと聞いていますよ、というサインとして、相手が使った言葉を自分の発言にも盛り込むというのは、確かに効果的だと思います。英会話においてもそれは同じことで、相手が何かを話している時に、I see. Uh-huh.とワンパターンの相槌ばかりを入れるよりは、相手が言ったばかりの言葉を再利用するほうがより「会話らしく」なるし、自分もその単語を発することで、会話の内容をより確実に意識できるようにもなります。仮に聞き取りを間違えて、違う単語を言ってしまった場合には、相手に訂正してもらえて、会話が噛みあわなくなる恐れを回避することもできます。

　先ほど例として挙げた、A: He is. ／B: He is?も、日本人学習者なら、A: He is. ／B: Really?と返す人が多いのではないかと思います。もちろんそれでもオッケーなのですが、A: He is. ／B: He is?のほうが、通常の英会話のノリをよく表している

ような気がするのですね。

　人と英語で話す時にはどうしても瞬発力が必要になってきます。「こう言われたらこう返す」みたいな瞬時の反応ですね。I love you.と突然告白されて、You love me?!と返せるような（笑）、そういう瞬発力を養うのに、「ある程度の長さの会話を聞いて真似する」というのは大変効果的です。今の例のように、人称代名詞（Iやyou）を瞬時に入れ替えられるのも瞬発力の一種です。会話の「間（ま）」「ノリ」「流れ」「雰囲気」などをつかむのに、ありとあらゆる違った種類の英会話を何時間も聞きまくる必要はありません。本物の会話であれば、一部だけ、数分だけでも、「生きた会話のエッセンス」がそこに詰まっています。

　気に入った作品をお手本にしてスピーキングの練習をしたいという方には、作品全部を聞くのではなくて、気に入ったシーンだけを繰り返し聞くことをおすすめします。もちろん、それを暗記するほど覚えてしまったら、また新しいシーンに取り組んでいただければいいのです。要は、エピソード全部を聞いて真似しようと気負う必要はない、ということです。

> **まとめ** 「話す」技能を伸ばすために、DVD学習法で意識すること

- ❖ 双方が短い言葉で「補完し合って」会話を完成させている様子を学ぶ（そういう「なにげない」会話は、英会話集などではなかなか学べない貴重なもの）。
- ❖ 自分がそこに入って会話するイメージを持つ。話の流れに合わせて、セリフを少し先、または同時に言うなどしてみる。
- ❖ 気に入ったシーンを繰り返して見るだけでも、「会話の瞬発力」は鍛えられる。つっこみや相槌が上手なだけでも「聞き上手な英語の達人」になれる。

第3章

英語学習について、いろいろ思うこと

DVDをおすすめする理由

DVD出現前に、すでにプロトタイプを経験済み

　唐突に昔の話を持ち出すことになりますが……。

　大学生の頃、私は当時大好きだった映画「バック・トゥ・ザ・フューチャー」をビデオに録画して、その音声をカセットテープに録音して（う、時代を感じる……笑）、それを聞いてセリフから英語を学ぼう、とトライしてみたことがありました。

　『SCREENPLAY　名作映画完全セリフ集　バック・トゥ・ザ・フューチャー』（スクリーンプレイ）という、セリフの英語スクリプトと対訳、語句解説がついた本を購入して、その本を見ながら音を聞いて、自分なりに辞書を調べたりもしました。その時は特に、「何もかも覚えてやろう」というような野望や意気込みはなくて、面白いセリフがいくつか覚えられたら楽しいな、というような実に軽い気持ちでした。好きな映画のセリフを原語の英語で確認できることがただ楽しかったので

す。

　ドクの部屋を訪ねる時に、マーティが"Hello. Anybody home?"と言うのを聞いて、「あれ、be動詞がない」と驚いたり、その後のシーンでいじめっ子のビフがマーティのパパであるジョージの頭をげんこつで小突いて、"Hello. Anybody home?"という同じセリフを言っているのを聞いて笑ったり、そういうちょっとした発見の連続が実に面白かったのです。"Anybody home?"というのが「誰かいる？」という決まり文句であると同時に、「お前の頭はお留守か？」ということのダブルミーニングになっているという楽しさですね。
　そういう「英語のセリフを確認したからこそわかった楽しさ」を大いに感じられたのですが、やはり、カセットテープやビデオテープは今のデジタル機器ほどには操作性が良くなかったので、無音部分を飛ばすとか、何度もリピートして聞き直すとか、そういう作業がだんだん煩雑に感じられるようになってしまいました。スクリプト本を使って最後まで一通りはチェックしたのですが、次の作品に手を出すこともなく、その学習法もそれっきりになってしまったのです。ですが、「楽しく生きた英語を学べた」という記憶だけは、ずっと心の中に残っていました。

　私が32歳で「英語のやり直し学習」を始めたことはすでに

書かせていただきましたが、そのきっかけについて、ここでもう少し語らせてください。

　32歳の時、たまたま新聞を読んでいたら、『日経WOMAN』2001年２月号の広告が目に留まりました。特集のタイトルは「お金をかけず話せる英語を身につける」というものでした。そのタイトルにものすごく惹かれるものがあって、本屋さんに買いに走ったわけですが、そこに「おすすめの映画＆ドラマ」として紹介されていた中に「フレンズ」があったのです。私は元々それほど海外ドラマに詳しい人間ではなかったので、当時は「フレンズ」という作品のこともほとんど知らない状態でしたが、「親近感の持てるキャストばかりで、ストーリー展開にわくわくしながら日常表現が学べるTVシリーズ」という紹介文に魅力を感じ、躊躇することなくシーズン１のDVDセットを購入しました。そうして、とりあえずDVDを使って学び始めたのです。

「海外ドラマのDVDを使って生きた英語を学ぶ」という方法は、その言葉から受けるイメージも魅力的だし、楽しそうだなぁ、と思う人は多いと思います。ですが、「それ面白そうだな……」と思っても、すぐにDVDに手を出さない人も多いような気がします。私が躊躇なくDVDを購入し、間を置かずにそれを使って学習を始めたのは、「バック・トゥ・ザ・フューチャーを使ったカセットテープ時代」の楽しい記憶が自分の中に

残っていたからです。私には躊躇する理由などなかったのです。映画やドラマで学べば生きた英語がたくさん学べることを知っていたし、楽しいこともわかっていた。ただ、テープというアナログ機器の操作性の煩雑さでやめていただけで、それがDVDのような操作性の高いデジタル機器になれば、そういう煩雑さが大いに減少することは容易に想像できたからです。

　さらに、DVDには音声や字幕の切り替え機能がついていることも知っていたので、以前のようにスクリプト本と見比べながら映像を見る、ということをしなくてもいい、字幕を出しながら映像を見ていればそれで事足りるのだ、とわかったら、「すぐにでも始めたい！」と思ったのですね。先進技術が私の求めていたものを叶えてくれた、というような喜びでした。「フレンズ」がどんな作品かもよく知らないまま恐る恐る見始めて、最初は「これが全米視聴率ナンバー１のドラマなの？」と、いまいちピンとこなかったことも否定しません。ですが、何話か見ているうちにだんだん面白くなってきて、「楽しい、これなら続けられる！」という予感が持てたのです。

　何かを始めたい、という漠然とした希望を持っていた時に、たまたま『日経WOMAN』の英語特集の広告を見たことは、ある意味、運命的な出会いだったのでしょう。そこに「フレンズ」がおすすめとして載っていたことも。そして、その特集を見て、躊躇なく踏み出せたのは、大学生の時に「バック・ト

ゥ・ザ・フューチャー」を使った経験があったからです。DVDという、語学学習に便利な機器が登場した時代に生まれたラッキーさももちろんあります。そういうこれまでのいろんな経験や出会いがあって、今、私はこんな本を書いているわけです。

　操作性の不自由さを感じながらも、カセットテープでDVD学習法のプロトタイプみたいなものをやった経験があったということが、実は一番大きいのかもしれません。経験していたからこそ、その長所と短所がわかり、短所を埋める技術が追いついてきてくれた時に、それに瞬時に飛び乗ることができたのです。

英語教材がレンタルできる！

　今は「シェア」の時代です。何でもかんでも自分の所有物として持っておくことに価値を見いだせない時代になりました。持っていても置き場所に困ってしまう、本なら買い込んだことで安心して積読になってしまう、みたいなことですね。

　私がおすすめする「海外ドラマを使ったDVD学習法」は、自分の好きなドラマを見て学びましょう、というのがコンセプトです。ですから、レンタルショップに置いてある好きな作品を選べばいいわけで、つまりは**「教材がレンタル可能」**という

学習法なのです。

　DVDを購入することは否定しませんが、「とりあえずは」レンタルでいいと私は思っています。レンタルで、数百円で「お試し」できるのが、ドラマで英語を学ぶ利点の1つと言えるからです。昔から、英会話教材は高額というイメージがありますが、自分に合う方法かどうかわからないうちに高額な費用を払って教材を購入する、というのはかなりリスキーなことです。逆に、「せっかく高いお金を払って購入したんだから……」ということで、自分に合っていない、もしくは楽しくないと思いつつ、お金を払った分の元は取らないと……みたいな気持ちでいやいや続けてしまうということもありそうです。実際に娯楽作品として流通しているドラマを英会話の教材として使うことには、レンタルできるというすばらしい利点があることを、今一度、強調しておきたいと思います。

　ドラマには好き嫌いの相性がありますので、自分には合わないなと思う作品を無理して見続ける必要はありません。嫌いなものからはほとんど何も学べません。キャラクターに共感できなければ見るのもいやになってしまうはず、そんな状態ではセリフを深く読み取ることもできませんね。自分に合わないものだった場合に早々に切り上げることを可能にするためにも、「レンタル」というシステムは有効なのです。

これからは、「英語教材はレンタルで！」が主流になるといいな、と思います。もちろん、大好きな作品なら、自分でコレクションとして持っておくのも幸せですし、いつでも好きな時に見られるという利点もありますよね。私自身も、大好きな作品はコレクションとして持っています。

　ただ、できるだけたくさんの英語に触れることを考えるのであれば、いろんな作品に当たってみることも大切かな、と思います。それには「レンタルでお試し」するのが何より合理的です。

　よし、このDVDを使って英語を勉強するぞー！　と意気込んで大人買いしてみても、封も切らずにそのまんま、みたいになってしまうことだってありますよね。レンタルであれば、返却期限などもありますし、自分で購入して持っているものよりは「早く見なくちゃ」という意識が芽生えやすいはずです。人間というものは、仮に最初の10分くらいまで見たら、やはり残りが気になって自然と見てしまうものですが、まず見始める、というその最初のハードルが意外と高いんですよね。それを気軽に見られるように後押ししてくれる作戦として、「いずれは返さないといけないレンタル」という手法もアリ、と思うのです。

私が示す1つの「基準」

「フレンズ」での英語学習をどのくらい続ければ効果が表れるでしょうか？　というご質問をよくいただきますので、今ここで、私が思う「基準」について語ってみたいと思います。その基準は、一般的な英語学習についての基準ではなくて、私と同じように「フレンズ」のDVDを教材にして学ぶ人を想定した基準になります。ですから、どうしても「フレンズ」ならではの説明になってしまう部分はありますが、他の多くの海外ドラマにも通じる基準であると思うので、何らかの参考にしていただければ幸いです。

「フレンズ」という作品は、全部で10シーズンあります。基本的に1話完結式のシットコム（シチュエーション・コメディ）なので、基本的なキャラクターの関係がわかっていれば、どのシーズン、どのエピソードから見始めても、さほど混乱せずに見ることができます。が、「フレンズ」を使って学ぼう！と思われる方は、やはりとりあえずは最初のエピソード、シーズン1の第1話から始められるのがよいでしょう。

　シーズン1の第1話は、一般的にPilot（パイロット版）と呼ばれ、これはどういう作品であるかをスポンサーに見てもらうためのものです。そのパイロット版の評価が高ければ、その

後のエピソードが続けて製作されることになりますが、評判がイマイチであれば、そのままお蔵入り、ということになってしまいます。パイロット版が作られた後、実際にシリーズ化が決まると、多少の設定が変わることもありますので、パイロット版はその後に続くエピソードと比べると「多少の違和感」が存在するのも事実です。

　「フレンズ」のパイロット版にも、そういう何かしらの違和感があります。「何かしら」というよりは、「かなりの違和感」と言ってもいいです（笑）。「フレンズ」ファンの人に話すと納得してくださる方が多いのですが、「フレンズ」のパイロット版は（第1話だからしょうがないのですが）セリフが空回りしている感じがあったり、キャストがキャラにまだハマりきっていない感じがあったり……が他の作品に比べても特に顕著な気がします。コメディなので、「ハマっていない」ことが「ハズしてしまっている」ような印象を余計に与えるのかもしれません。久しぶりにパイロット版を見たりすると、見ているこっちのほうがなんだか恥ずかしくなってしまう……みたいな妙な感情すら覚えます。

　ですから、第1話を見て、「何が面白いのかよくわからん」と思っても、とりあえず第1話だけでやめてしまうのはちょっと待ってください。さらには、「フレンズ」の第1話は、英語学習の観点からするとセリフがけっこう難しく、私のブログでもいまだにセリフの解釈を巡って議論になったりもするくらい

です。逆に、第2話以降のほうがセリフとしてはわかりやすくなってくる気がします。

　私自身の感覚や、コメントをくださる読者の方の反応を見て思うことは、「フレンズ」にハマる人は、DVDのDisc 2までに必ずハマる、ということ。ですから、Disc 2、エピソードにすると第8話まで見て、「うーん、なんかイマイチ」と思う方は、「フレンズ」は自分には合わないと判断して、他の作品を探されたらいいでしょう。
「言葉」を学ぶのが語学ですから、ストーリーを楽しめず、キャラクターに感情移入できなければ、そこから多くのことを学ぶことはできません。続きを見たいと思わないような作品であれば、それは「自分には合わない」と判断して早々に切り上げましょう。

「フレンズ」で学ぶことが面白い、と思えた方は、レイチ・メソッドの各段階をこなしながら、そのまま先のエピソードに進んでください。シーズン1を見始めたばかりの時は、まだそのような「学習法」が自分自身になじんでおらず、試行錯誤の連続だと思いますが、それを続けているうちに「自分に合った形にカスタマイズされた学習法」へとだんだん変化して、自分になじんでくると思います。
　ドラマを使って学ぶ英語学習は、TOEICなどのように点数

化されないため、「これで本当に英語力がついているのだろうか？」と不安になることもあるでしょう。でも、そのような不安はとりあえず横に置いといて、「英語学習のための教材」だと強く意識しながら、1話1話、着実に進んでいきましょう。

そして、シーズン1の全24話を見終えた時に、自分が「何かしらの手ごたえみたいなものを少しでも感じられたかどうか」を振り返ってみましょう。

手ごたえというのは人それぞれです。

・何度も出てくる簡単なフレーズは聞き取れるようになった。
・早いと思っていたセリフの音も、ただの「音」ではなく「単語」「言葉」として聞こえるようになってきた。
・英語のセリフを聞きながら、キャラの気持ちが感じられた。
・英語のセリフを聞いて笑えた。
　……

漠然としすぎていますか？　こんな基準では不安だ、という方もいらっしゃるかもしれませんが、でも、こういう感覚を持てるかどうかが大きな鍵となってくるのです。この後、自分を引っ張っていってくれるのは、そういう「自分だけにはわかる実感」なのですから。

　英語のセリフを聞きながら笑える、ということは、実はコミ

ュニケーションにおいてとても大切なことです。それが、英語の言葉を使ったジョークである必要はありません。その人の声や表情や仕草など、または体をはったギャグに反射的に笑ってしまっただけでもいいのです。

　まずはそういう簡単な部分から、なじんでいくべきだと思うのですね。

　言葉が理解できなくても、面白いと思えることは共通してるんだ、と思えることが、異文化理解には大切なのです。

　とりあえずシーズン1が終わったところで、何かしらの手ごたえや達成感を感じられましたか？
　そして、シーズン2を、そのまま続けて見てみたいと思われましたか？

　その答えがイエスかノーかによって、次はどうするかを決めてください。

　私は同じ作品をずっと見続ける（同じ作品の次のシーズンに進む）という学習法を続けてきましたが、それは1つの方法にすぎません。

　私は「フレンズ」にすっかりハマってしまったので、次の展開がどうなるか、この先のシーズンはどうなっていくのかが、すごく気になってしまった、だからそのまま同じ作品を見続けただけのことです。

ある作品のシーズン1を一通り見終えたら、他に興味のある作品に移るというのも1つの手だと思います。もしここで、「今度は別の作品を同じように英語教材として見てみたいな」と思われたのなら、それはやはり「フレンズ」のシーズン1を見ることで、英語学習として何かしらの手ごたえ、達成感を得られたことの証になると思います。他の作品でも同じように楽しめそうだ、という予感が、そういう行動を引き起こすのだ、ということですね。そういう方は、「海外ドラマのDVDを使った英語学習法」に何かしらの効果が感じられたということですから、それを信じて、ただただ楽しくそういう学習法を続けていってください。

　さて、ここで問題となるのは、シーズン1を見終えたけど、効果があったという実感が持てなかった方の場合です。
　まず、こういう学び方が楽しくなかった、という方は、やはりその学習法は自分に合っていないということになるでしょう。その場合は早々に撤退して、別の方法に取り組んでください。学習法には必ず合う、合わないがありますので、誰かが強烈にすすめてきたからと言って、それに素直に従う必要もないわけです。自分で楽しくない、面白くない、と思ったということは、何より大事な判断基準となります。

シーズン1、ディスクにして6枚のDVDを見終えた時点で、次に自分が選ぶべき道を探してください。

　たとえ、この方法がイマイチだったという方でも、その6枚のディスクを見たことはけっしてムダにはなりません。「海外ドラマで学ぶ方法がいいってすすめられてシーズン1を見てみたけど、自分には合わなかった」という結果がわかった、それだけでも大いに意味があることだからです。世間でいろいろ言われている方法のうち、1つは自分に合わないと判断できた、ここで候補から外れた、ということですからね。

　もちろん、「自分には合わなかった」と判断するための材料としてだけ役に立ったわけではありません。効果のほどがあまり感じられないながらも、シーズン1の英語のセリフを英語字幕を出しながら確認した、という行為は、英語学習においてけっしてマイナスではないからです。

　海外ドラマの英語が、資格試験などの英語に比べてずっとラフで、ずっと難しいという「現実」を自分の肌で感じただけでも儲けものだと思ってください。その衝撃たるや、海外留学して周りのネイティブの話す言葉がまったくわからなかった、という体験のミニスケール版に相当するのでは、とも思います。「TOEICで高得点を取ったけど、海外ドラマを見ても全然わからないので衝撃を受けた」というような話をネット上で見聞きするたびに、TOEICで高得点を取る、つまり英語学習に熱

心に取り組んでいる人でも、海外ドラマや洋画を英語学習の教材として見た人は少ないんだなぁと実感するのです。

　それをすでに実感したことは、大きな経験となるはずです。海外留学のように自分が恥ずかしい思いをしていない分だけ体験としての強烈度は落ちますが、「これが本当の英語だ、ネイティブが娯楽として見ている生きた英語なんだ」ということを肌で感じられたことは、今後、英語学習を続けるうえで、非常に大切な経験となることは間違いありません。

シーズン1、ディスク6枚分も見てきた時間はムダだったでしょうか？

　けっしてムダではなかったはずだと思います。
　経済的にも、時間的にも。
　世間にはいろいろな教材があるけれど、たかがディスク6枚です。
　そのディスクを購入したにせよ、世間一般の英語教材に比べればずっと安価です。それに、そもそもその値段は、英語教材としての価格ではなく「海外ドラマ」というエンターテインメントとしての価格ですから、英語教材として使えなくなっても娯楽としての価値は残っているわけで、価値がゼロになるわけではありません。
　自分がハマらない危険性を考慮して（笑）、まずはレンタル

で……と安全策を取られた方なら、さらに金額的損失は少なかったはずです。借りた映画やドラマがイマイチだったなんて経験は誰にもあるはずです。それを考えれば、英語教材として借りて見た作品にかかった金額は損失とは呼べないでしょう。

　時間面で考えるなら、例えば「数か月分まとめて申し込むと安い」英会話学校のキャンペーンと比較してみてはいかがでしょう。

　DVDは映像という仮想の世界なので、確かに実体験ほどの強烈な体験はできません。が、それを見ることで浴びる英語の量は、毎週何回か英会話学校に通って浴びる量よりも断然多くなるはずです。英会話学校では、ネイティブと会話している自分はたどたどしい英語で、正直なところ相手の言うことをかろうじて聞き取って、自分の言うことを考えるだけで精一杯、というところではないでしょうか？

　海外ドラマを視聴者の立場で見ることは、普通に行われている「二者以上がかかわる完成した会話」を、外から客観的に眺めることになります。インプットの際は、まずはそういう「完成した形」のものを観察して学ぶべきなのです。しかもDVDなら、英会話学校のように１回こっきりではなくて、聞こえなければ何度も聞き直しができる、という特典つき（！）。

　英会話学校だって、やはり何か月かは通ってみないと、その効果のほどはわかりません。それと同じで、DVDもせめて１

シーズン見るという時間をかけてから、効果を見極めていただきたいと思うのです。それくらいの時間をかけた上での「合う、合わない」の判断なら、信じられると思うからです。

「フレンズ」は、友達6人の日常会話がメインとなっている作品で、毎回さまざまなトピックがあります。そういう普段のなにげない会話を、英語字幕を出しながらじっくりディスク6枚分も聞いたことのある人が、日本人の英語学習者に何人いるでしょう？
　さらには、そのディスク6枚に出てくるセリフをすんなり理解し、自分でもそういうセリフが口からすっと出てくる人が、今の日本人に何人いるでしょう？
　そんなことが当たり前のようにできる人ばかりであったなら、日本人はこんなに英語に苦労する必要はないはずです。

　シーズン1つ分、DVDで生きた英語を学んだということは、あなたの人生における英語学習において絶対にムダにならない！　と強調させてください。
　DVD英語学習法は、日本にいながら、しかも自宅にいながらにして、留学で浴びるレベルの生きた英語を学ぶことができる、非常に画期的で有効な方法なのです。

教材の選び方

「洋画」よりも「海外ドラマ」の理由

　娯楽作品で「生きた英語」を学ぶのなら、ドラマじゃなくて映画、つまり洋画でもいいんじゃない？　という話にもなりそうですね。

　私が洋画よりも海外ドラマをおすすめする理由、それは、ドラマは映画に比べてとにかく「無セリフ部分が少ない」→「時間当たりのセリフの密度が濃い」、これに尽きます。

　近年の「超大作」と言われるCGがふんだんに使われた映画を見ていると余計に感じるのですが、映像の素晴らしさをこれでもか！　と見せたいのでしょう、セリフではなく映像の壮大さで見せる（魅せる）シーンがかなり長時間にわたって映し出されることも多いです。

　ジャンルにもよるのですが、戦闘シーン、アクションシーンが多い作品は、どうしても叫び声以外のセリフは少なくなって

しまいます。映画は長丁場なので、最初から最後までずっとしゃべり通しだと見る方も疲れてしまうからでしょうか、BGMだけが響いている無言のシーンもドラマに比べると多いです。

　まぁ、この「ジャンル」の話は海外ドラマにも当てはまるところがあって、「海外ドラマは洋画に比べてセリフの密度が濃い」というのが一般論であっても、ドラマによってはセリフの密度が実にうすーいものも存在します。ですから一概には言えないし、それはドラマを選ぶ時の条件として意識すべきことでもあるでしょう。

　ただ、ドラマにもいろいろあるとはいえ、私が映画とドラマのDVDを借りて、そのセリフを一通りチェックするのにかかった時間を考えると、ディスク全体の収録時間が同じくらいであっても、やはりドラマのほうがチェックに時間がかかります。それだけセリフの量が多い、密度が濃い、ということは言えると思います。

　ちなみに私は、長年英語ブロガーをやってきたせいで、海外ドラマや洋画を英語学習の教材としてしか見られない身体（笑）になってしまったようで、アクションドラマや大作映画でセリフのないシーンが続くと、英語字幕で見ている時でも、字幕が出る部分まで早送りしたりします。製作者がぜひ見てほしいお金をかけたすばらしい映像を早送りしてしまうことに多少の罪悪感はありますが、目的によってはそういう「臨機応変

な対応」をするのも時間を有効に使う手段の1つと言えると思います。

　セリフの密度以外に、継続性の問題もあります。映画は（シリーズ物の三部作などもけっこうありますが）、1本の映画をDVD 1枚として見てしまうと、「あぁ1本見終わったー！」という妙な達成感に満たされてしまい、その次の作品に手を伸ばしにくい可能性もあるかなぁ、と（映画好きの人には要らぬ心配ではありますが……）。

　その点、海外ドラマはシーズンごとに24話前後くらいのエピソードがありますので、1枚目が終わったら2枚目、3枚目と自然に見続けていけそうな気がするのですね。

　また、海外ドラマはうまく作ってあって、シーズンの最終話は「えっ！　これからどうなるの？」みたいに続きが気になってしょうがない状態で終わっていて、思わず次のシーズンに手を伸ばしてしまいたくなる衝動にも駆られます。これは、シーズンオフの間にファンの興味がなくなってしまわないようにするためのテクニックで、「クリフハンガー」と言われる手法ですが、そういう「次が気になる手法」に身を任せてみるのも、英語学習を続ける上では悪くないことですね。

　語学はとにかく興味を持って続けないとダメなのです。だから、できるだけ楽しく見続けられる作品に出会えるかどうか、ここが最大のポイントとなります。

私が「フレンズ」をおすすめする理由

　私はたまたま『日経WOMAN』でおすすめされていた「フレンズ」を見て、それにすっかりハマってしまいましたが、私が「フレンズ」一筋のブログを続けてきたのには理由があります。

　ドラマのような娯楽作品はどうしても好き嫌いがあるので、私は「こういうラブコメみたいなのはどうも……」という方に無理にすすめる気はありません。

　ただ、何かを始めたいと思っておられる方の参考になればと思って、私が思う「フレンズをおすすめする理由」を書いてみます。

　ドラマとして面白いから、即、英語教材に最適、とは限りません。次々と人気の海外ドラマが輸入され、日本でも人気となる中で、もうシリーズが終了してしまった「フレンズ」にこだわるのには、私なりにそれなりの訳があるのです。

・「フレンズ」というタイトルからもわかるとおり、「友人間の日常会話」がメインとなっている。

「なにげない会話」の割合が実に多いところが、「フレンズ」のポイントと言えるでしょう。ある特定の分野の専門用語ばか

りということはなく、普段の会話に使われるフレーズが満載です。あまり難しい単語も使われず、逆に、have, get, make, takeなどの基本単語をさまざまなバリエーションで使って言葉を生み出しているさまを観察するのに最適です。

　また、恋愛話と、それにまつわる「ちょっぴりエッチな」会話も多いですが、けっして過激すぎない、その「ちょっぴり具合」が私的には絶妙だなぁ、と。あまり品行方正すぎても面白くないし、破天荒すぎるのもついていけない、そこが「フレンズ」はいい塩梅(あんばい)だと思うのです。

　また、「すでに終了してしまった作品だから、言葉や表現が古かったりしませんか？」というご質問をいただくこともあるのですが、それについてはいつも、「もともと時代の最先端の言葉を使っている作品ではないため、表現が時代遅れになったり陳腐化したりすることはありません」とお答えしています。ごくごく普通の会話であるために、古さを感じさせることもないのです。

・メインキャラクターが6人、それも男女3人ずつという構成なので、視聴者が男女どちらであっても、それぞれ共感できるセリフに出会える。

　これは考え方全般においてもそうですが、特に恋愛観の話に

なると、女性の私は女性キャラに共感しますし、男性キャラのセリフを聞くと、「そうそう、男性ってそういうこと言うのよね〜」とうんうん頷いてしまいます。

　メインキャラが男女３人ずつなので、ドラマそのものが男女どちらの視点にも偏っておらず、バランスが大変良いのです。ですから、男女どちらであっても、それぞれの視点でドラマを楽しめるはずです。

・６人は職業がバラバラなので、それぞれの仕事のシーンでは６分野の専門用語、仕事用語が学べる。

「フレンズ」のメンバーは職場の同僚が友達になったわけではなく、ルームシェアしている同居人として友人関係ができた人たちです。そのため、６人の職業はすべて異なります。他のドラマだと、職場がメインの舞台となっていて、登場人物の多くが同じ職業の人、ということもありますよね。それはそれで、その特定の分野の英語を学べるという利点があるのですが、それは、出てくる単語がどうしてもその分野に偏ってしまいがち、という弱点にもなります。「フレンズ」の場合は、職業のバラバラ具合がセリフのバラエティを生んでいる、という利点があると言えます。

・ドラマはセットで撮影されていて、「セントラルパーク」と

いう名前のコーヒーハウス、モニカとレイチェルの部屋、チャンドラーとジョーイの部屋、というように舞台が固定されている。そのため、舞台が変わるごとにシーンも変わる（「シーンの切れ目」がある）ので、「今日はとりあえずこのシーンを見る」のように、ある程度の長さに区切って学びやすい。

「はしょる3段階」のところで、「シーンの区切りごとに3段階で見ましょう」と説明しましたが、このように「シーンごとに区切りがある」というのは英語学習においてとても便利だと言えます。なんとか時間を捻出して、ドラマで英語学習をしている時に、「3分だけしか見られなかった」と思うとなんだかちっとも勉強していない気がしてしまうのですが、それが「コーヒーハウスでのシーンの最初から最後まで」であったなら、たとえ3分であっても大いに意味があるのです。

　ある場所を舞台にした1つのシーンには、1つの大きな「話の流れ」があります。会話とは結局、「話の流れ」なので、あるシーンの始まりから終わりまでの流れを一通り見て学ぶ、ということが大切なのです。その中には当然、盛り上がる部分もあり、大きく笑いを取るキメのジョークも、決めゼリフもあり、その1シーンだけで1つのショートストーリーのようなものができあがっているのです。時間がない時は、「今日はとりあえずこの場面だけ」と心に決めて、そのシーンを観察するこ

とで、ミニドラマを１つ見終えたような感覚で学ぶことができるのです。

・フレンズは「６人が主役」のようなところがあるので、１つのエピソードにつき、たいてい３つのプロットが存在する。

だいたい１つのプロットにつき２人が関わります。正味22分くらいの１話のエピソードで３つの話が同時進行しているような感覚。ですから話題にされていることも大きく３つに分かれ、違った分野のバラエティに富んだ会話が楽しめるわけです。

・笑い声（ラフトラック）が入るので、ジョークのオチ、笑いどころがわかる。

「フレンズ」は観客を入れたセットで撮影されており、ドラマの中でジョークのたびに聞こえるあの笑い声は、その観客が反応しているわけですね。「ここがジョークのオチですよ」と教えてくれる目印として笑い声が入るのは、英語学習者の観点からすると大変ありがたいことです。
　そういう笑い声や歓声に慣れてくると、「これはエッチネタ系の笑いだな」みたいなこともわかるようになってきます。女性が男性にあるジョークを言って、観客から大きな拍手や「ヒ

ューヒュー」みたいな歓声があがった時は、「男性もたじたじとなるような、ちょっと過激なエッチネタを言った」ということがわかったりするわけです。また、「おぉ〜」というどよめきは、「そこまで言うかぁ〜」的なキツいことをはっきり言った時の観客の反応だったりもします。

　セリフのニュアンスは、セリフを言った人、言われた人、周りの人の表情やしぐさで判断することもできますが、笑い声の入るシットコムの場合は、観客の反応でどういうタイプのジョークかを判断し、それを英語のセリフの解釈の時の参考にすることもできるわけです。

　また「フレンズ」は、アメリカのドラマの中でも燦然たる地位を築いています。アメリカのドラマでは、途中で人気がなくなって打ち切りになったとか、メインキャストが途中で降板したといった話をよく聞きますが、「フレンズ」は最終回まで高視聴率を維持し、メインキャストの6人はずっと不動のままでした。アメリカでは今でも再放送されていて、放映開始から20年（終了して10年）となる2014年にはイベントが開催されたりもしています。「フレンズ」は今でもアメリカ国民に愛されているのです。

　<mark>人気ドラマだということは、「見た人が多い」から、「話題にした時に通じやすい」</mark>わけですね。どうせ学ぶなら、大勢の人が知っているもの、それも放映されていたアメリカだけではな

く**全世界にファンがいる作品を使って学んだほうがお得**、ということも言えると思います。

　以上の点を踏まえて、私は、「フレンズ」は英語教材として非常にバランスが良いと思っています。「フレンズ」という作品が、エンターテインメント作品として好きであることは言うまでもないですが、私がブログでずっと「フレンズ」を題材にしてきたのは、「学習教材としての絶対的なバランスの良さ」が理由だったということです。

　みなさんが海外ドラマを題材に英語を学習しようとする場合には、上に挙げた「フレンズ」の利点と比較することで、そのドラマの「教材としての位置付け」がわかりやすくなると思います。「舞台がある職場に限定されているから、そのジャンルの専門用語が多くなりそうだな」とか、「主役が全員女性だから、女性向けのセリフが多いんだな」というようなことですね。
　ご自分が学びたい英語のジャンルをしっかり見極めた上で、ご自分の仕事と関係ありそうな職場が舞台になっている作品を使うとか、自分がすぐに「英借文」できそうな、同性のセリフが多い作品を選ぶなどの判断基準としてください。

他の作品なら、こんなのどうでしょう？

「フレンズ」にはちょっぴりエッチな会話があると書きましたが、「あまりエッチな話はいやだ」とか、中学生・高校生なども一緒に見ることができるもの、というのであれば、同じシットコムでも「フルハウス」（Full House）をおすすめします。「フレンズ」と同じように笑い声（ラフトラック）が入りますが、ジョークはほのぼのしたものが多いですし、小さな子どもが登場するので過激なセリフも出てきません。微笑ましくて、最後には家族愛や友情を感じさせるホロッとさせるセリフも出てきて、気持ちが温かくなるドラマです。

「アリー my Love」（Ally McBeal）は日本でもかなりブームになりましたよね。「フレンズ」も「アリー」も好き、という人はけっこう多いように思います。恋愛にまつわるセリフは「アリー」のほうが辛辣で、なかなか言えない本音をズバッと言ったセリフも多いです。

また、「アリー」では映像の特殊効果がよく使われるのですが、時にはそれが英単語やイディオムを映像化したものだったりするため、英語学習教材としても非常に興味深い作品となっています。

印象的なところでは、アリーが誰かにふられる際の脳内イメ

ージで、自分がゴミ収集箱（dumpster）からダンプカー（dump truck）の荷台に放り込まれる映像が出ます。それは、dumpという動詞に「（ゴミなどを）投げ捨てる、投棄する」という意味と、「（恋人を）ふる」という意味があるからです。ゴミのようにdumpされている映像を見せることで、「誰かにふられている」ことをも示唆しているわけですね。

「デスパレートな妻たち」（Desperate Housewives）も、特に女性の人気が高いですね。サスペンス仕立てでもあるので、先の展開が気になってつい見てしまう、という効果も期待できます。「世間というものがわかった大人の女たち」の会話という感じで、主婦である彼女たちの葛藤、ジレンマ、閉塞感のようなものに共感してしまう主婦も多いでしょう。私も「その気持ちわかるわぁ」と言いたくなるような、主婦が英語日記を書くのに使えそうなセリフがたくさんあります。

　近年の海外ドラマブームのきっかけになったとも言える「24 -TWENTY FOUR-」は、海外ドラマファン以外をも巻き込んだ大ブームとなりましたね。次が気になってしょうがない作品の典型と言えるでしょう。銃撃などのアクションシーンや相手に気づかれないように無言で行動するシーンも多く、その場合はどうしてもセリフが少なくなってしまいますが（すでに述べたように、私はそういうシーンは次の字幕が出てくるまで

早送りしています……ごめんねジャック)、あの緊迫感とハラハラ感は、やはり独特の魅力があります。また、人間同士のやりとりはしゃれたセリフも多いです。大統領にまつわる陰謀、テロなど、政治に関するセリフも多いので、そういう用語や政治的背景を知るのにも役立ちます。

　主人公のジャック・バウアーは、何かにむかつくと、Dammit!「くそっ!」と吐き捨てるように言うことも多く、それが彼のイメージにもなっていますが、大統領と話す時は、"Thank you, sir." "No, sir."のようにきちんとsirをつけ、丁寧で穏やかな口調になるなど、「話す相手の立場」と「相手との距離」をきちんと考えた上で言葉を口にしています。DVDの日本語音声(吹替)でも、そのように荒っぽい口調と丁寧な口調との差がきちんと出ていますが、オリジナルの英語のセリフからも当然それは感じられるし、そういう部分も同時に学んでいただきたいと思います。

　CTU(テロ対策ユニット)という組織の中での会話、大統領とその側近の会話、家族の間での会話、恋人同士、もしくは恋人同士とまではいかなくてもお互いを意識し合っている男女の会話、などなど会話のバリエーションもさまざまです。

　特に、CTUの「組織」の中での会話は、上司と部下、あるいは同僚同士の会話になるわけですから、いわゆる「ビジネス英語」に当たると考えても差し支えないでしょう。大統領とその側近の会話においても、"With all due respect..."「お言葉を

返すようですが…」「僭越ではありますが…」のように、大統領に敬意を払いながらも自分の意見を主張する場面もよく出てきます。そういうスキルはビジネス英語に大いに応用できる気がします。

「ザ・ホワイトハウス」（The West Wing）は、邦題からわかる通り、ホワイトハウスを舞台として、大統領とその側近を描いたドラマです。これはまさに政治をテーマとしている作品なので、海外の政治ニュースを理解するための語彙やフレーズがたくさん学べます。

　他のドラマと比較すると、セリフの量が圧倒的に多く、またそのセリフの密度も非常に濃いです。DVDの英語字幕がかなりはしょられてしまっているのが残念なところ……なのですが、実際問題として、あのセリフのすべてを字幕化するのは物理的に無理なのかも、と思います。あのセリフの音声に合わせてすべて字幕化しようとすると、画面の半分くらいを字幕が占領してしまいそうな勢いの、セリフの速さと量なのですね。

　硬派な政治ドラマであるため、セリフの量だけではなく、話されている内容も他の作品に比べてずっと難しくレベルも高いと思います。出てくる単語も難しいものが多くなっています。

　海外ドラマを英語教材として使う場合、この作品が最高峰だと私は思っています。これが難なく理解でき、心から楽しめるレベルになれば、恐れるものはない、という気がします。資格

や点数で測れるような英語のレベルをはるかに超越した世界、とでも言いましょうか。

英語学習において意識すべきこと

「文法的に正しい」(grammatically correct)よりも
「英語らしい」(idiomatic)を選ぶ

　日本人が受験勉強の中でクリアしてきた英語のテストは、「文法的に正しくなるように文を作る、穴埋めをする」という類のものが多かったように思います。それは、正しい文法知識を身につけているかどうかを判断するのにそういう形式が便利だからですね。日本語をポンと書いておいて、それを英訳せよ、みたいなテストだと、どのような形で部分点を与えるかの基準作りが難しいので、大量の受験者を判定するのには使いにくいということもあるでしょう。

　そういう背景があるからか、日本人は必要以上に「文法的に正しいか、正しくないか」ということに意識が集中しがちです。そのため、文法的に間違ったことを話してしまうことに恐怖心を持っているようです。そういう恐怖心に打ち勝つために、逆に「文法なんかどうでもいい」と文法完全無視論を唱える人さえもいます。ですが私は、そういう極論、つまり、文法

的に正しいかどうかにこだわりすぎることも、「文法なんかいらない」と投げてしまうことも、どちらも英語学習には良い効果をもたらさないと思っています。

　何より大事なのは、==相手に通じる英語を使う==ことです。==英語は日本語を理解しない人と意思疎通を図るための道具なのですから、相手に通じなければ意味がない==のです。どうしたら通じるか？　それは、==他の人が使っている言葉を自分も使う==ことに他なりません。

　まずは一通り文法を習うことは大切です。異国の言葉はルールがまったく違うので、その基礎の部分を理解しておいたほうが、その後の飲み込みも早くなるからです。ただ、文法至上主義は早々に捨ててしまいましょう。言葉というものは、文法どおりに単語を当てはめれば100％通じる、というようなものではありません。英文法は数学の公式に似ている部分もあるように思いますが、ただ数字を当てはめ、入れ替えればそれですべてが解決するようなものではないのです。

　まずは、文法をざっと押さえる。その後で、実際に使われている英語と突き合わせをしていって、「こういう場合はこう表現するんだ」と軌道修正していく……語学とはそういうことの繰り返しの上に上達していくものです。

　つまり、文法的に正しいか正しくないか、という視点よりも、ネイティブが普通に使うのはどちらか？　という視点で考

えることが、「通じる英語」には大切なのです。

　タイトルにあるidiomaticという言葉は、英語学習に登場するidiom（イディオム）の関連語です。イディオムは「慣用的に使われる熟語」などを指す言葉として使われますね。例えば、put one's foot into one's mouthは直訳すると「自分の足を自分の口の中に入れる」ということになりますが、これは「へまをする、失言する」という意味で使われます。このように、元の単語の意味の直訳とは違う意味で慣用的に使われるものをidiomと呼びます。

　いわゆる「慣用句」以外に、idiomという言葉には「あるグループ（国民など）特有の慣用法、語法」という意味もあります。ですから、idiomaticは、日本人がイメージしがちな「イディオムの、慣用句の」という限定された意味ではなくて、「慣用的な、いかにもその言語らしい」という意味の形容詞になります。ですから、idiomatic Englishとは「いかにも英語らしい英語」という感覚になるわけです。

　文法的に正しいとか正しくないとかに必要以上にこだわりすぎるのはやめて、「英語らしい英語かどうか」という視点で、英語を自分の中に取り込むようにしましょう。生きた英語を浴びる中で、多くの人が何度も使っている言葉、それが「英語らしい英語」（idiomatic English）なのです。「英語を理解するた

めの知識」としての文法が邪魔をして、そういう「英語らしい英語」を排除する方向に働いてしまっては、まさに本末転倒だと言えるでしょう。

「この英語は文法的に正しいですか？」とネイティブに確認したがる人もよく見かけますが、ネイティブにしてみれば「正しいか正しくないか」だけが判断基準ではないわけです。たとえ「その文は文法的には正しい」と答えてくれたとしても、実際のところ、「そういうことを言いたい場合は、ネイティブは普通はこう言う」というところまで聞き出さないことには意味がないわけですね。

「発音のお手本」としての英語

　一言で「英語」と言っても、世界中には実にさまざまな英語があります。

　日本人が思い浮かべる英語は、アメリカ英語、イギリス英語、他にはオーストラリア英語などでしょうか。TOEICが2006年5月にリニューアルされた際、「発音のバラエティの増加」が実施され、「米国・英国・カナダ・オーストラリア（ニュージーランドを含む）」の発音がリスニングテストで採用されることになった、というニュースもありました。

　TOEICがこれらの国の英語の発音を採用したということ

は、つまり、これらの英語が、いわゆる「ネイティブが話す英語」だと認識されているということでしょう。

　今挙げた国以外にも、英語が公用語になっているところはかなりあります。そのそれぞれが、やはり「英語」なわけです。ですから、どれが優れていてどれが劣っているなどというものではありません。ただ、そういうさまざまな英語がある中でも、世界的に広く受け入れられている英語の方が、より多くの人々に理解してもらいやすいだろうと思うのです。

　上記の国以外でも、多くの国で英語が話され、その土地の言葉と結びついて独自の発展を遂げている場合もあります。その国ならではの「独特の言い回し」が存在する、ということですね。日本人の話す英語であれば、日本では英語が公用語ではありませんから「独自の発展」という表現は当たらないと思いますが、日本語の発音・文法・表現の影響を受けた英語になっている、ということは言えるでしょう。

　そのように、世界中にはさまざまな英語が存在するわけですが、何かをお手本にしてこれから英語を学ぼうとしている段階の人は、各国の英語の微妙なアクセントの違いや、独特の表現に気づくことは難しいですよね。ですから、英語の発音のお手本を探すなら、**できるだけ多くのネイティブに受け入れられている「汎用性の高い英語」をお手本にすべき**だと思うのです。

例えば、アメリカ英語を学びたいのであれば、アメリカを舞台にし、アメリカ人がメインキャラクターになっている、アメリカ全土で放映されているドラマを選べば（しかもニューヨークやロサンゼルスなどの大都会が舞台になっているものを選べば）、その言葉をそっくりまねしてもたいがいの地域の人に通じるはず、と予想できますよね。私がニューヨーク・マンハッタンを舞台にした人気ドラマ「フレンズ」を教材としておすすめしているのには、そういう理由もあるのです。

　もちろん、ニューヨークにも「ブルックリン・アクセント」など、その地域のアクセントというのは存在しますが、「他の地域の人に受け入れてもらいやすいか」という点で考えると、例えば「極端な南部アクセント」のようなローカルで地域限定のアクセントよりも、都会の人が話すアクセントのほうが通じやすいはず、ということです。

　先ほど、TOEICのリスニングで使われている英語は「米国・英国・カナダ・オーストラリア（ニュージーランドを含む）」であるという話をしました。TOEICに出てくるから、テストで高得点を取るために、そういう国々の英語の発音も聞けるように特訓した、という人もいるかもしれません。テストに出るから覚える、というのは論理としては逆かもしれませんが、結果としてはそれでも良いのではないかと私は思っています。

その5か国の英語がTOEICで採用されているということは、そうした英語を聞けるようになっていれば問題ない、と判断されている結果だろうと思うからです。一応、お手本としてはこれらの英語を使ってくださいね、とおすすめされているようなものだと言えるでしょう。いわばTOEICが結果として、発音の見本や手本をこれらの国々の英語に求める動きを無意識に植えつけているわけで、それは「方向性としては」正しいものだと思います。

　世界中にいろんな英語があるのは承知の上で、でもいちから英語を学ぶとすれば、ある程度、手本は限定してほしいと思うのが学習者の願いです。「どの国の英語でもいい」と言われたほうが逆に困ってしまいますよね。それに対する答えとして、上記5か国の英語が提示されている、と私は思いたいのです。

「傍目八目」の効用
（さまざまな会話を客観的に観察する効果）

「会話」を学びたいのであれば、「会話」をじっくり観察することが必要なのは、ある意味当然ですね。

　留学でも、英会話学校でも、生きた英語を浴びられるわけですが、海外ドラマを視聴者として見るという行為のメリットは、**「さまざまな会話を"客観的に"見られる」**ということです。距離をおいて客観的に見ることで、冷静に観察し、分析で

きるのです。「当事者よりも、離れて見ている部外者のほうが物事がよく見える」という意味の「傍目八目(おかめはちもく)」という四字熟語がありますが、まさにそんな感じです。自分が会話に参加している時は、会話を続けることで頭がいっぱいで冷静に観察できない、だから、まずは一歩引いてじっくり観察することから始めてみよう、ということです。

　自分が当事者となって会話に参加するのは、ある程度、そういうインプットをして言葉やフレーズを頭の中に仕入れた後の話になるでしょう。やはり、「ある程度の基礎を身につけた上での実践」が効果的だと思うのです。何も知らない人間を、何の予備知識もなくいきなり現場に放り込むのは無茶だし、非効率というものです。本人にとってもただつらいだけで、下手をするとトラウマになってしまうかもしれません。

　それは、ビジネスの話に置き換えると、とりあえず新人研修が終わったばかりの新人さんをいきなり現場に放り込んで、自分のやり方でやってみろ、と言うのに似ている気がします。実際問題として、それはちょっと無理というものですよね。

　普通はどうするか。企業によって教育方法はそれぞれでしょうが、まずは誰か近い年齢の人をお手本にして、その人のやることを見て、真似て参考にする、という学ばせ方をするのではないでしょうか。まずは「新人です」ということで、営業の話し合いに、おまけみたいについていくことになりそうです。

その時、新人さんがもっとも注意を払うべきことは、先輩がすることをじーっと観察する、ということでしょう。挨拶の仕方とか、お世辞の言い方とか（笑）、相手側の反応も見ながら、「あぁ、営業の仕事ってこういうふうに進めていくんだな」という段取り、流れみたいなものを理解することから始めるのではないでしょうか。

　新人ということで無理に話す状況にはなりそうもないなら、自社側と相手側との会話を、話している当事者たちよりも客観的に観察できる、というメリットがあります。前に述べた「傍目八目」の言葉どおり、傍で見ている新人くんのほうが、状況がよりはっきり見えることもあるでしょう。調子よくご機嫌に話している先輩の発言に対して、相手が少ししらけた顔をしている、みたいなことにも気づけたりするかもしれません。

　なんだか話が脱線したように見えますが、会話の流れというものは、傍から客観的に観察しているほうがはっきり見えるのではないか、ということを私はここで言いたいわけです。

　英会話に置き換えてみるなら、留学や英会話学校で、自分が話す当事者になっている場合には客観的に見えていない会話の流れや進行みたいなものが、ドラマを視聴者という客観的な立場で見る場合にはより理解しやすくなる、ということなのです。

会話を学ぶにはまずは実践から、と思う人はきっと多いと思うのですが、それより先に、「会話とはどういうものか」「スムーズな会話の流れとはどういうものか」を理解することに、まずは集中したらどうでしょう？　そういうものを理解せずに、ただ実践、実践で押しまくっていても、結局は我流で会話を続けることになってしまう気がするのです。我流というのは、日本人の場合だとどうしても「日本語で会話している感覚を英語に無理やり当てはめてしまおうとする」というようなことです。

　勉強でもスポーツでもそうですが、集団で何かをする場合であっても、まずは「一人で何かを身につける時間」というのが絶対に必要になってきます。英語は言葉なので、「人と話すこと」が前提になっているため、とにかく「話す相手」がいないと始まらないような気がしますが、実はその前に「一人でマスターしておくべきこと」があって、そういう土台ができてはじめて、「人との交わりを通して学べる」ようになると思うのです。

　何かを学ぶ場合には、必ず「一人でできること」と「相手がいないとできないこと」があり、英語学習の場合だと、インプットが「一人でできること」、英会話などのアウトプットが「相手がいないとできないこと」になります。アウトプットの場合でも、自分の気持ちや考えをSNSで一方的に表明すると

いう行為であれば、それは「一人でできること」になります。

　英語学習にはネイティブの相手が必要だと思っている人は多いですが、本当に相手が必要なのは、最終段階の「会話」を行う時だけです。それ以外はかなりの部分が「一人でできること」なわけですから、留学しなくても、英会話学校に行かなくても、日本で、自宅で、英語学習のかなりの部分を行うことができるわけです。

「留学したから」と「留学したけれど」の違い

「留学してしっかり英語を身につけた」という人もいれば、逆に「留学したけれどほとんど英語が身につかずに帰ってきた」という人もいます。英語圏にいたけれど、近くにいた日本人とばかり交流していた、という話も聞きます。留学した人が全員、英語の達人になって帰ってきたら、留学経験者というのはけっこうな数いるはずですから、日本人の英語力は全体的にもっと向上しているはずです。アメリカに移住した移民第一世代は、第二世代、第三世代ほど英語が堪能にならないという話も聞きますが、このことは「英語をただ浴びるだけでは英語ができるようにはならない」ことを証明しています。

　留学して英語をしっかり学んできた人は、ただその環境にど

っぷり浸かっていただけではなく、そのチャンスを、ムダにならないように最大限に活かされたのだと思います。いくらすばらしい講師の授業を受けても、有名人の講演を聞いても、それを自分で反芻し、消化する作業を行わないと、ただその話を聞いて良かったなぁ、すごかったなぁ、とインプレッションを受けただけで終わってしまいます。「何かを聴いた」「そういう場にいた」「経験した」ということを勉強した証のように捉える受け身的な姿勢では、どんなものでもモノにはなりません。

　留学して英語を身につけた人は、留学したという事実にただ流されていたのではなく、そこに積極的に関わろうとする意欲と行動力が絶対にあったはずです。「留学したんだから英語ができて当然」というような考え方や態度を、私はナンセンスだと思っています。「英語の環境に身を置き"さえ"すれば、それで英語が話せるようになる」という考え方の延長線上にあるものだからです。「身を置くだけ」で英語が話せるようになるのなら、誰もこんなに苦労はしません。

　私が「海外経験なし」をウリにしていることで、留学して英語を学んだ方々を敵対視しているかのように思っている方がいたら、それは大きな勘違いです。「英語が流れていく留学という環境」は、学ぶためのとっかかりがない気がする、と先に私は書きましたが、そういうとっかかりやヒントがない中で英語を身につけた方々を、私は心から尊敬していますし、常に敬意

を持って接しています。その人たちは、流れていく英語に流されなかった人たちだからです。よほどの気構えや決意がないと、「英語だけの世界」に立ち向かっていけません。「留学したから英語ができて当然」という一言で、本人の努力や頑張りをなかったもののように言われたら、たまったもんじゃないだろう、と私自身、留学経験がないにもかかわらず思ってしまうわけです。

　ですから、私は「海外経験なし」を１つのウリにしているけれども、留学を否定しているわけではけっしてありません。私だって、できることなら今すぐにでも、そう明日にでも、留学に旅立ちたいくらいです。でも、「英語が大好きだから、英語の世界にどっぷり浸りたい、留学したい！」と思っても、私の場合、子どもを置いて自分の都合だけで留学するわけにはいきません。主婦の立場ならそんな話になりますが、会社員の方もそんなに簡単に留学という道は選択できないでしょう。有給休暇も完全に消化できないような日本社会では、留学している間に職場の自分の席がなくなってしまうかもしれません。

　学生の場合は、今の世の中がそれを奨励していることもあって、社会人よりはずっと留学へのハードルは低いでしょうが、それでもみんながみんな、すんなり留学できるものでもないでしょう。企業がいくら「海外経験を重視する」と言っても、留学経験をどこまで評価してくれるかはいまだに明確ではないですからね。「留学経験のある日本人」よりも「日本語のできる

優秀な外国人」を採用してしまいそうな昨今の風潮ですから、簡単に留学に踏み出せない学生さんの気持ちもよくわかります。

　そのように、人にはそれぞれしがらみや事情があって、すべての人が簡単に留学できるわけではないと思うので、それを「海外に出ようとしない内向き志向」というような精神面を語る一言で片づけないでほしいと思うのです。そして、だからこそ「英語ができるようになるためには留学しなければならない」というような思い込みはぶち破りたい、と大いに思っているのです。そのために、私は「海外経験なし」を自分のウリにしているのです。海外に行きたいけれど、事情があって行けないという人のために、「海外に行くことが、英語習得の絶対条件じゃない！」と訴えたいのです。

　留学しなければ話せないなんてことはけっしてないし、留学しただけで話せるということもけっしてありません。留学はあくまで1つの「条件」「経験」であって、その経験を活かすも殺すもその人の努力次第なのです。

語学の達成度は「過去の自分との相対評価」で測るべき

　私は、「以前の私よりもわかるようになった私がいる」こと

を常に自覚することで、自分自身の英語力の伸びを見てきました。学習面における成長を確認する際、他者との比較で一喜一憂してしまうことも人間にはありますが、私はそういうことはあまり気にしないようにしてきた、ということです。他者との比較だと、自分は同じままでも相手が下がれば自分は上に来ますよね。でも、そんなことは客観的に見ると何もすごいことではないわけです。それなら、他者もレベルを上げるけれども、自分もレベルを上げる、見た目はお互い差がついていないように見えるけれど、全員が底上げされている、そういう状況でいいじゃないですか。

　私が「フレンズ」というアメリカの人気ドラマのセリフを題材として、セリフの解釈をシェアする形のブログを運営しているのも、「みんなで一緒に英語力を上げていきましょう！」という気持ちの表れです。安価でレンタルできる「簡単に手に入る」もので、「生きた英語から英語を学ぶ」ことを、大勢の方々と一緒に楽しんでいきたいと思っているのです。

　理解度、達成度を測るための指標として絶対評価と相対評価がありますが、**言葉を学ぶ語学というものは、基本的に絶対評価で判断すべきもの**です。「わかるかわからないか」「できるかできないか」という点で、自分がそれをクリアできていればオッケーということです。「自分は日本人の中でどれくらいのレベルにいるか」というような相対評価は、あまり意味がないよ

うに思うのです。もし何かと比較して相対評価をするのであれば、それは「過去の自分」でしょう。英語を学んできて、過去の自分より成長したと感じられれば、それまでやってきたことはムダになっていない、きちんと身についてきたのだとわかる、ということですね。

　金子みすゞさんの詩の中に、「みんなちがって、みんないい」という素敵な言葉がありますが、それをお借りすると、日本人の英語力については「みんな上がって、みんないい」という気持ちをみんなが持って、英語力を高めていけたらいいのにな、と思っています。日本人の中で、英語ができる人、できない人とランク付けをするのではなく、日本人全体の英語力を底上げしていく、みんなで英語をある程度理解できるレベルに上がることを望むべきだと思います。
　日本は世界的に見ても「識字率が高い」と言われていて、ある程度の年齢になれば、基本的な読み書きができることは当然だと考えられています。それと同じような感覚で、日本人全体が英語をある程度使えるレベルになっていくことが必要だと私は思っています。

　私はこの本の中で、自分の英語学習法について語ってきました。読者の方にとっては、それは「ある人の話」であって、自

分ではない「他人」の体験談にすぎません。ですが、人は自分の経験からしか語ることができません。何かに成功すれば、それが正しい道だと思えてしまうものです。たまたまそれが偶然だったり、何かラッキーな状況が重なったりしただけだとしても。自分がある道を選択して、結果が成功であったとすれば、それは正しいことだと頭が認識するでしょう。結果が失敗であれば、その選択は間違いであったと思うでしょう。もしかしたら、どちらの道を選んでも結果は同じだったかもしれない。それでも人は、成功や失敗の要因を、どこかの選択の分かれ目にあると思うのが常です。

　ですから、人の体験談を読む時は、「その人の生きてきた人生ではそうであった」という1つの例でしかないことを、常に頭に置いておかなくてはなりません。そういう時代だった、ということもあるでしょうし、必要なツールが登場していたという幸運もあるかもしれない。私は間違いなく、DVD、パソコン、ブログなどのツールのおかげで今の私になれた人間なので、そこはやはりラッキーだったと言うしかないでしょう。

　自分のライフサイクルとツールとの出会いのタイミングの良さ、というのも私にはありました。今、改めて振り返ってみると、「フレンズ」DVD学習法を始めたのが、第一子が1歳の時、ブログを開始したのが第二子が1歳の時で、私の英語学習法の柱となる「DVD学習法」と「ブログ」のどちらも「子ど

もが1歳の時」というタイミングで始めています。

　当時の私にはあまり自覚がなかったのですが、主婦である私にも、「育児休業の場合、子どもが1歳になったら職場復帰」というイメージが頭のどこかにあったのだろうと思います。1歳になり、子どもが自分で歩いてくれるようになる頃には、気持ちに少し余裕ができ、「働くお母さんが職場復帰するように、主婦である私も何かを始めてみたい」という気持ちになったように思うのです。

「何かを始めたい」という気持ちになっていたまさにその時、雑誌の英語特集が目に入ってきたり、ブログで発信する人が増えてきたり、という「巡り合わせ」が、私にとってとても幸運なことでした。何かを始めたいと思った時に、始めたいと思うものに出会えたという意味で、この上もなくラッキーだったと思うのです。

　今の自分が置かれた環境や境遇は、運命として受け入れざるを得ない。一人の人間が世の中の状況を変えるのは大変なことです。ここから先、この状況の中で、自分をどう進化させていくか。やはり、自分が時代に合わせて変わっていくしかないと思うのです。

「何かに合わせて変わる」ということは、何かに服従するようなネガティブなことではありません。「状況と環境に柔軟に対応する」という、ポジティブで前向きなことです。いろんな人

の意見を聞き、自分に合うかどうかを判断し、その時々で自分が最善と思った方法を選択する……その繰り返しが自分を良い方向に変化させ、自分の人生を豊かにしてくれるのだと私は思っています。

　私がこの本で述べてきたことはすべて、「私はこんなふうにしてきました。私はこんなふうに考えています」ということにすぎません。それでも、そこから何かを感じ取っていただけたり、何かのヒントにしてもらえたりするなら、とても嬉しく思います。
　この本を読んでくださったみなさんが、これからも楽しく英語を学んでいってくださることを心より願っています。

2016年3月　南谷三世

南谷三世（みなみたに・みつよ）

1969年、大阪府生まれ。京都大学農学部卒。一男一女の母。海外経験なし（短期間の旅行を除く）、英会話学校にも通わずに、「自宅で海外ドラマのDVDを見る」という学習法で、英検1級、TOEIC990点満点を取得。2005年、人気ドラマ「フレンズ」の英語のセリフやジョークを解説するブログ『シットコムで笑え！ 海外ドラマ「フレンズ」英語攻略ガイド』(sitcom-friends-eng.seesaa.net)を開始。英語ブログの人気ランキングで常に上位を占めている。ブログでのハンドルネームはRach（レイチ）。著書に、『シットコムで笑え！ 楽しくきわめる英語学習法』(NTT出版)、『読むだけ なるほど！ 英文法』(学研教育出版)がある。Twitter: m_rach

日本で、自宅で、一人で、ここまでできる！
海外ドラマDVD英語学習法

2016年4月27日　初　　　版
2018年3月6日　初版第3刷

著　者　　南谷三世
発行者　　小林圭太
発行所　　株式会社CCCメディアハウス
　　　　　〒141-8205 東京都品川区上大崎3丁目1番1号
　　　　　電話　03-5436-5721（販売）　03-5436-5735（編集）
　　　　　http://books.cccmh.co.jp
印刷・製本　豊国印刷株式会社

© Mitsuyo Minamitani, 2016
Printed in Japan
ISBN978-4-484-16211-9

落丁・乱丁本はお取り替えいたします。
無断複写・転載を禁じます。

CCCメディアハウスの本

20歳のときに知っておきたかったこと
スタンフォード大学集中講義

ティナ・シーリグ　高遠裕子 [訳]　三ツ松新 [解説]

● 一四〇〇円　ISBN978-4-484-10101-9

「決まりきった次のステップ」とは違う一歩を踏み出したとき、すばらしいことは起きる――起業家精神とイノベーションの超エキスパートによる「この世界に自分の居場所をつくるために必要なこと」。

未来を発明するためにいまできること
スタンフォード大学集中講義II

ティナ・シーリグ　高遠裕子 [訳]　三ツ松新 [解説]

● 一四〇〇円　ISBN978-4-484-12110-9

ベストセラー『20歳のときに知っておきたかったこと』の著者による第2弾！ 人生における最大の失敗は、創造性を働かせないこと。自分の手で未来を発明するために、内なる力を解放しよう。

スタンフォード大学 夢をかなえる集中講義

ティナ・シーリグ　高遠裕子 [訳]　三ツ松新 [解説]

● 一五〇〇円　ISBN978-4-484-16101-3

情熱なんて、なくていい――それはあとからついてくる。アイデアも創造力も解決策も。ひらめきを生んで実現する才能ではなくスキルです。起業家育成のエキスパートによる「夢へのロードマップ」。

ハーバードの自分を知る技術
悩めるエリートたちの人生戦略ロードマップ

ロバート・スティーヴン・カプラン　福井久美子 [訳]

● 一五〇〇円　ISBN978-4-484-14111-4

学生や社会人が今日も悩み相談に訪れる。「自分は何がしたいのか、本当にわかっていますか？」ハーバード・ビジネススクールの"キャリア相談室長"が教える"ハーバード流"人生戦略の立て方。

最新 地図で読む世界情勢
これだけは知っておきたい世界のこと

ジャン＝クリストフ・ヴィクトル他　鳥取絹子 [訳]

● 一八〇〇円　ISBN978-4-484-15122-9

なぜ人は祖国を捨てるのか、水や食料は不足するのか、人道活動は世界を救えるか？――美しい地図と写真、明快なテキストで世界の「今」がひと目でわかる、地政学の最新入門書。大判ビジュアル本。

定価には別途税が加算されます。